Florian Malzacher, *Gesellschaftsspiele*

Florian Malzacher ist Kurator, Autor und Dramaturg. 2006–2012 war er Leitender Dramaturg/Kurator des interdisziplinären Festivals steirischer herbst in Graz, 2013–2017 Künstlerischer Leiter des Impulse Theater Festivals. Er ist Herausgeber zahlreicher Publikationen zum Theater, zum Verhältnis von Kunst, Aktivismus und Politik sowie zum Kuratieren performativer Künste. Unter anderem erschienen von ihm (mit)herausgegebene Bücher zur Arbeit der Theaterkompanien Forced Entertainment, Rimini Protokoll und Nature Theater of Oklahoma sowie *Truth is concrete. A Handbook for Artistic Strategies in Real Politics* (2014), *Not Just a Mirror. Looking for the Political Theatre of Today* (2015) und *Empty Stages, Crowded Flats. Performativity as Curatorial Strategy* (2017).

Florian Malzacher

GESELLSCHAFTS-SPIELE

Politisches Theater heute

Alexander Verlag Berlin

Dritte Auflage

Originalausgabe

Alexander Wewerka, Fredericiastr. 8, D–14050 Berlin
www.alexander-verlag.com | info@alexander-verlag.com

Schlussredaktion: Christin Heinrichs-Lauer
Dank an Olivia Hotz und Carla Tiedt.
Satz/Layout/Umschlag: Antje Wewerka
ISBN 978-3-89581-513-3
Printed in the EU (May) 2021

INHALT

»Kunst ist kein Spiegel,
den man der Wirklichkeit vorhält,
sondern ein Hammer,
mit dem man sie gestaltet.
(Marx, Brecht oder Majakowski)[1]

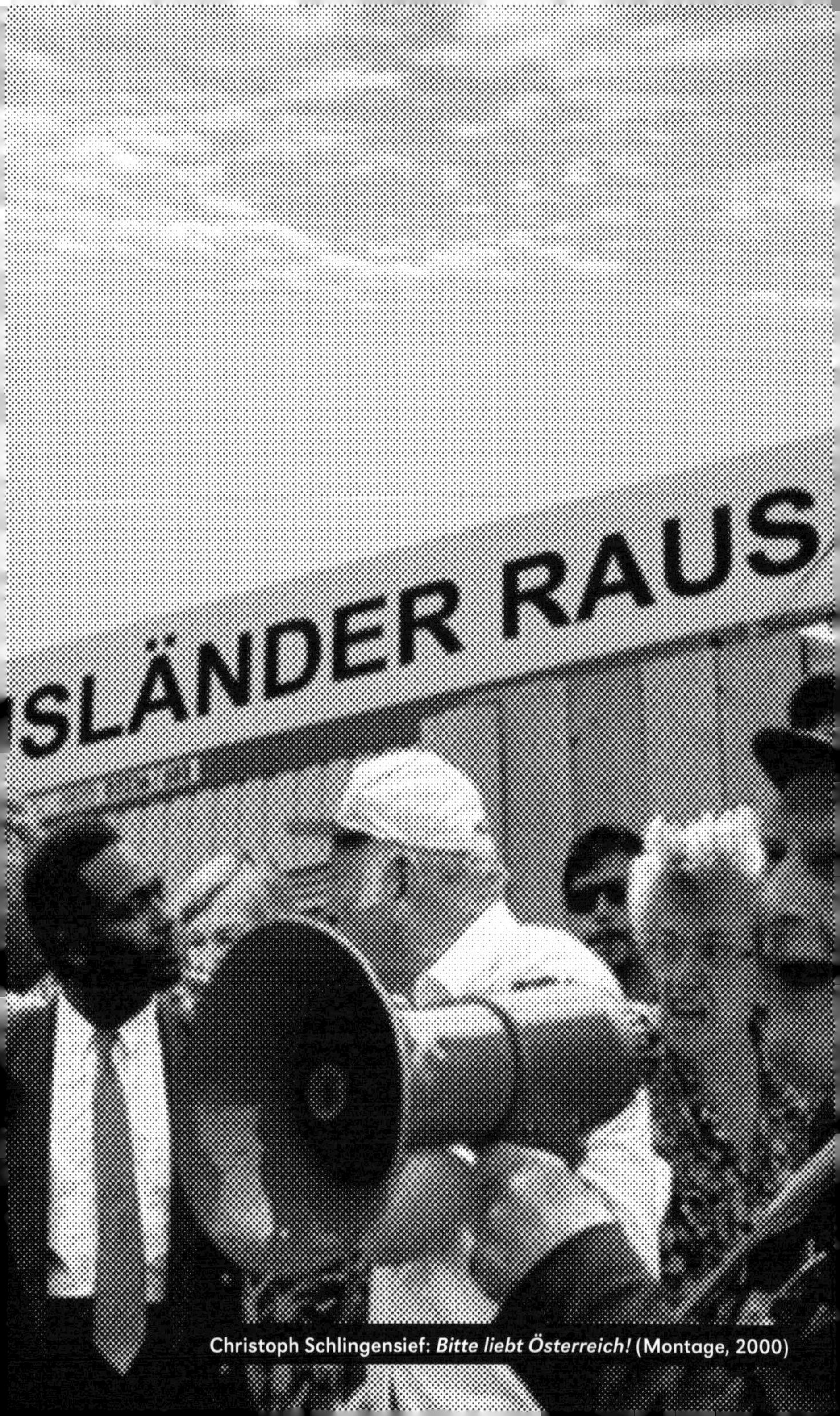

Christoph Schlingensief: *Bitte liebt Österreich!* (Montage, 2000)

PROLOG

Die einen schreien sich mit roten Gesichtern an, andere versuchen in eindringlichem Ton, die zahlreichen Zaungäste zu überzeugen: Ihr Land ist von Fremden überrannt, ihre Kultur in Gefahr, ihre Familien, ihre Identität. Ein alter Mann schwenkt mit feuchten Augen eine Zeitung, die seine Befürchtungen in Großbuchstaben zur Schlagzeile macht. Eine Handvoll koreanischer TouristInnen beobachtet ratlos das seltsame Spektakel: Das »kleine Österreich« gegen den Rest der Welt.

Zwanzig Jahre sind vergangen, seit Christoph Schlingensief seine längst legendäre Containerinszenierung *Bitte liebt Österreich!* (2000) mitten im Zentrum von Wien, direkt neben der Oper, landen ließ. Gerade erst hatte der konservative Kanzler Wolfgang Schüssel seinen Teufelspakt mit dem rechten Demagogen Jörg Haider und dessen FPÖ geschlossen. Die anderen EU-Länder diskutierten Sanktionen gegen den Mitgliedsstaat Österreich, und Österreich diskutierte über die Grenzen des Landes, die Grenzen der Demokratie und die Grenzen der Kunst. Die Welt schaute zu.

Vor diesem Hintergrund und unter dem leuchtenden Banner »Ausländer raus!« inszenierte Schlingensief eine *reality show* mit realen Asylsuchenden. Sechs Tage lang beherbergten die Container eine Gruppe ImmigrantInnen, die mittels Überwachungskameras im Internet rund um die Uhr beim Leben beobachtet werden konnten, während die österreichische Bevölkerung eingeladen war, einen nach der anderen aus dem Land zu wählen.

Der Skandal war enorm: Konservative fühlten sich durch die Parodie ihrer eigenen Argumente diffamiert; Linke waren verärgert über die aus ihrer Sicht zynische Zurschaustellung menschlichen Leids und das Ignorieren jahrelanger aktivistischer Arbeit vor Ort, die durch das Spektakel erschwert werde. Es war das Jahr der ersten deutschsprachigen *Big-Brother*-Staffel, die einige aufgeregte FeuilletonistInnen für nichts weniger als den Anfang vom Ende des humanistischen Zeitalters hielten.

Lang ist's her. Das einst umstrittene TV-Format läuft – mit kurzen Unterbrechungen – zwar noch immer, wirkt aber neben den vielen anderen, mindestens ebenso zynischen *reality shows* längst eher altbacken. In Österreich ist die FPÖ, allen Skandalen zum Trotz, noch immer omnipräsent und stellte zwischenzeitlich neben Innen-, Außen- und VerteidigungsministerIn sogar den Vizekanzler. Damit ist sie nicht allein: Rechtsaußenparteien gehören nun fast überall in Europa zum parlamentarischen Alltag, nicht nur in Ungarn und Polen werden Rechtsstaaten in »illiberale Demokratien« umgewandelt. Dass *Bitte liebt Österreich!* damals bei aller harten Konfrontation und leidenschaftlicher Streitlust durchaus spielerisch blieb und es Schlingensief gelang, auf dem schmalen Grat zu balancieren, auf dem fast keiner ihn für seine Ziele vereinnahmen konnte: Es würde heute wohl nicht mehr funktionieren. Die politischen und sozialen, aber auch die künstlerischen Auseinandersetzungen haben sich verhärtet und verkantet, die Welt ist so unübersichtlich geworden, dass es für Ambivalenz keine Kunst mehr zu brauchen scheint. Vermeintlich eindeutige Konfliktlinien rund um Nationalismus, Rassismus, Klimakatastrophen, soziale Spannungen etc. sind zu tiefen, offenbar unüberwindbaren Gräben aufgebrochen.

Die Welt ist so unübersichtlich geworden, dass es für Ambivalenz keine Kunst mehr zu brauchen scheint.

Noch immer leiden wir unter den Spätfolgen von »TINA« *(»There is no alternative«)*, jener vielzitierten Doktrin, mit der die damalige britische Premierministerin Margaret Thatcher bereits Anfang der 1980er-Jahre ihren verheerenden sozialen Kahlschlag legitimierte –

eine frühe Sternstunde jenes Neoliberalismus, der bis heute, trotz veränderter Rhetorik, wenig von seiner Wirkmacht eingebüßt und sich längst tief in wirtschaftliche, gesellschaftliche und politische Strukturen eingeschrieben hat.

1989 fiel die Mauer: Der Zusammenbruch des sozialistischen Systems im Osten und die Aufgabe des fürsorglichen Staates im Westen fanden zeitgleich statt. Ende der 1990er-Jahre brachten der britische Premier Tony Blair und der deutsche Bundeskanzler Gerhard Schröder mit ihrem »Dritten Weg« die Sozialdemokratie auf den marktwirtschaftlicheren Kurs jener »neuen Mitte«, in die wenig später aus entgegengesetzter Richtung auch Angela Merkel steuerte. Das Adjektiv »alternativlos« wurde zu einem Markenzeichen, das im Zusammenspiel mit der Wahlkampfstrategie einer »asymmetrischen Demobilisierung«, bei der jede kontroverse Position vermieden wird, nicht nur der Opposition erfolgreich den Wind aus den Segeln nahm – als Kollateralschaden blieb auch ein Gutteil des offenen politischen Wettstreits auf der Strecke. Bereits 1992 lieferte der Politikwissenschaftler Francis Fukuyama eine Art geschichtsphilosophischer TINA-Legitimation mit seinem Buch vom *Ende der Geschichte*[2]: Nach dem Zusammenbruch des Ostblocks und damit der kommunistischen Ideologie sah er liberale Marktwirtschaft und parlamentarische Demokratie als unaufhaltbare Sieger. *No need to argue anymore.*

Die Geschichte war dann bekanntlich doch nicht zu Ende und die Nebenwirkungen von TINA & Co sind bis heute spürbar. Sie haben – flankiert vom ebenfalls als alternativlos verkauften, vieles überschattenden »War on Terror«, der seit dem 11. September 2001 währt – das Feld für einen gesellschaftlichen Zustand bereitet, in dem die Abwesenheit von Alternativen als gesunder Menschenverstand gilt und politische Vorstellungskraft durch positivistischen Pragmatismus, larmoyante Resignation oder freudige Komplizenschaft ersetzt wird. »Postpolitik« nennen TheoretikerInnen wie Chantal Mouffe oder Slavoj Žižek dieses Phänomen, wenn sich

Gesellschaften im Konsensus einrichten und politische Werte durch moralische ersetzen.

Dass sich in den letzten Jahren parallel dazu politische und gesellschaftliche Positionen zunehmend radikalisieren und gegensätzliche Meinungen immer unversöhnlicher formuliert werden, ist, wie der damit einhergehende Siegeszug rechter bis rechtsradikaler Parteien, nur ein scheinbarer Widerspruch zur postpolitischen Konsensgesellschaft. Brexit, Trump, die Geschichtsvergessenheit der AfD etc. sind durchaus auch direkte Konsequenzen von TINA: Das Leugnen oder Dämonisieren möglicher politischer Alternativen als eine Art politischer Konsens-Erpressung ist einer der Gründe für die Radikalisierung von Meinungen, vor allem am rechten Rand des Spektrums.

Dabei ist die Behauptung vom »Ende der Geschichte« ironischerweise die perfide Variante eines auf Einigung zielenden Gesellschaftsmodells, wie es sich gerade viele linke oder liberale PhilosophInnen – von Karl Marx bis Jürgen Habermas oder John Rawls – gewünscht haben: Rationale Erwägungen würden die Menschen eines Tages schon noch dazu bringen, individuelle Interessen zu überwinden und sich auf das Richtige zu einigen.

Aber zum einen sind wir nun mal nicht sonderlich vernünftige Wesen; Gefühle, auch egoistische Erwägungen, werden immer eine Rolle spielen. Zum anderen existiert für manche Konflikte, wie Chantal Mouffe betont, schlicht nicht *die eine* rationale Lösung. Eine Welt ohne Machtstrukturen und partikulare Interessen wird es nie geben: »Wir wünschen uns zwar ein Ende allen Konflikts, doch wenn wir wollen, dass Menschen frei sind, müssen wir Konflikte immer hervortreten lassen, und eine Arena zum Austragen von Differenzen bereitstellen. Der demokratische Prozess sollte diese Arena bieten.«[3]

Mouffes Konzept eines *agonistischen Pluralismus* beschreibt Demokratie deshalb als ein Kampffeld, auf dem wir die Gelegenheit haben müssen, unsere Differenzen als Gegner auszuagieren, ohne

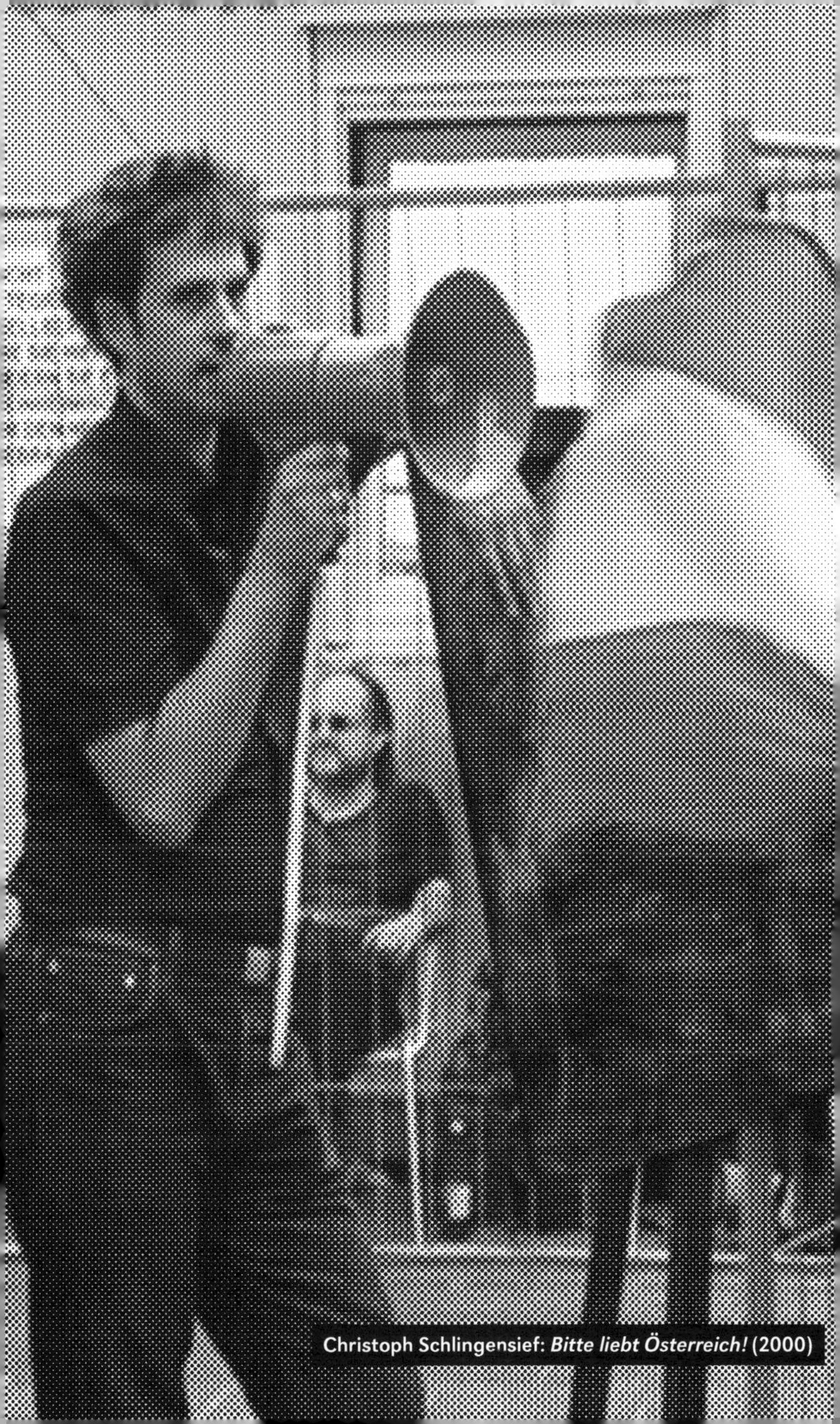

Christoph Schlingensief: *Bitte liebt Österreich!* (2000)

sie beizulegen. Diese Forderung ist nicht leicht zu verdauen, denn sie widerspricht nicht nur jeder Hoffnung auf Demokratie als umfassenden *safe space*, sie geht auch über das Modell »Konkurrenz belebt das Geschäft« weit hinaus: »Die Gegner bekämpfen sich – sogar erbittert –, aber sie halten sich dabei an einen gemeinsamen Regelkanon. Ihre Standpunkte werden, obwohl letzten Endes unversöhnlich, als legitime Perspektiven akzeptiert.«[4] Nur wenn wir dazu bereit sind, können wir einen *Anta*gonismus verhindern, der allem Verhandeln und Verstehen ein Ende setzt und dessen letzte Konsequenz (realer oder zumindest symbolischer) Bürgerkrieg ist. »Als Hauptaufgabe der Demokratie könnte man die Umwandlung des Antagonismus in Agonismus ansehen«.[5] Denn Demokratie muss immer neu erstritten und ausgehandelt werden, sie lebt von Konflikt und Parteinahme.

Welche Meinungen halten wir aus, welchen wollen wir den Raum verweigern? Welche Konflikte kann das Theater abbilden, zu welchen sollte es schweigen? In einer Zeit, in der einerseits George W. Bushs Diktum »Wer nicht für uns ist, ist gegen uns« auf allen Seiten des politischen Spektrums eine erstaunliche Renaissance erlebt, andererseits die Logik des Konsens noch immer viele demokratische Diskussionen einschläfert, kann Theater ein Raum sein, in dem ein spielerischer (aber ernsthafter) Agonismus Widersprüche nicht nur am Leben hält, sondern vor allem erlaubt, sie frei zu artikulieren. Schließlich ist es kein Zufall, dass Mouffes Konzept seinen Namen den antiken Turnieren in Sport und Kultur entlehnt hat. *Agon*, so heißt auch der Wettstreit der Argumente in der griechischen Tragödie.

Theater westlicher Prägung war immer vor allem ein Medium zur Darstellung von Konflikten und Gegensätzen: zwischen Gut und Böse, zwischen Ideen und Ideologien, Gesellschaften und Nationen, Mächten und Mächtigen, Idealen und Traditionen, zwischen Generationen, Familien und Ehepaaren – oder gar innerhalb der Psyche eines einzelnen Menschen. Auseinandersetzungen werden stellvertretend ausgetragen, mal körperlich, mal psychologisch, mal diskursiv. Theater ist ein Ort des Verhandelns, ein – wenn auch oft parteiischer – Raum agonistischen Pluralismus', mögen letzte Akte noch so oft einen beruhigenden Abschluss suggerieren.

So alarmierend also die soziale, ökologische, politische Lage ist, in der wir derzeit leben, für das Theater ist sie zugleich auch eine Chance, gemeinsam oder auch in Reibung mit den zahlreichen Bewegungen in aller Welt, neue gesellschaftliche Imagination zu entfachen. Wie können im Theater andere Formen des Zusammenlebens gemeinsam gedacht, ausprobiert, diskutiert und miteinander konfrontiert werden? Wie kann Theater sich am Nachdenken darüber beteiligen, welche Gesellschaft, welche Welt wir eigentlich wollen? Wie kann Theater, ohne wohlfeil zu predigen und zu belehren, gleichwohl gemeinsam mit seinen BesucherInnen selbstbewusste Antwortversuche wagen? Welcher – sowohl ästhetischen wie ethischen – Formen bedarf es, um tatsächlich politisch zu sein und nicht nur eine politische Attitüde an den Tag zu legen?

Theater kann ein Raum sein, in dem ein spielerischer Agonismus Widersprüche nicht nur am Leben hält, sondern vor allem erlaubt, sie frei zu artikulieren.

Ein Blick auf die gegenwärtige internationale Theaterszene zeigt, dass es bei KünstlerInnen und Publikum einen starken Wunsch nach einem Theater gibt, das drängende politische Fragen nicht nur aufgreift, sondern selbst zu einem öffentlichen Raum wird, in dem Ästhetik und Ethik kein Widerspruch sind. Ein Theater, das – wie einfach das klingt – sowohl in seinen Inhalten als auch in seinen Formen politisch ist.

Dieses Buch ist ein Versuch, zu verstehen, wie Theater heute ein konkreter Ort sein kann, an dem die Welt um uns herum – politisches Geschehen, gesellschaftliche Visionen, große Kämpfe und pragmatische Lösungsversuche – nicht nur gezeigt, sondern bewusst mitgestaltet wird. Und zu begreifen, wo dabei künstlerische wie politische Gefahren lauern.

Dieser Streifzug durch das politische Theater erhebt keinen Anspruch auf Lückenlosigkeit, im Gegenteil: Er beruht großenteils auf eigenen, direkten Begegnungen, Seherfahrungen, nicht selten auch auf meiner Beteiligung an Projekten als Kurator, Dramaturg oder Mitinitiator. Daher gibt es Schwerpunkte, Abschweifungen, blinde Flecken. Auch wenn KünstlerInnen aus vielen Teilen der Welt eine wesentliche Rolle in diesem Buch spielen, liegt der Fokus doch auf dem deutschsprachigen Raum. Und dort zudem auf dem sogenannten postdramatischen Theater, das wiederum auf vielfältige Weise international verstrickt ist und permanent in Wechselwirkung mit künstlerischen Arbeiten und Diskursen aus unterschiedlichsten Regionen steht.

In der paradoxen Maschine des Theaters ist immer alles echt und fiktiv zugleich. Man kann mittendrin sein und sich gleichzeitig von außen beobachten.

So versucht dieses Buch gar nicht erst eine umfassende Darstellung von allem, was man derzeit als politisches Theater verstehen könnte. Vieles, das die Feuilletons füllt, kommt hier nicht zur Sprache. Es ist ein parteiisches Buch. Und zugleich ein suchendes Buch über ein suchendes Theater, das Teil einer suchenden Gesellschaft ist. Antworten sind provisorisch, so wie Theater ohnehin immer provisorisch ist. Was heute funktioniert und wichtig ist, wird morgen antiquiert sein, bestenfalls ein Vorläufer, schlimmstenfalls der Weg in eine Sackgasse. Aber gleichzeitig geht es im politischen Theater genau darum: Einem – oft diskursiv vermeintlich gut begründeten – Relativismus ernstgemeinte, konsequente Behauptungen entgegenzusetzen und dabei zu wissen, dass es sich dennoch immer nur um Arbeitsthesen handeln kann. Alle Beispiele in diesem Buch sind nur im Kontext ihrer Zeit zu verstehen – und im Kontext ihres geographischen Entstehens. Manchmal verändern ein Jahr oder auch nur 100 Kilometer bereits das ganze Bild.

Die beschriebenen Arbeiten sind Gesellschaftsspiele, die man nur gemeinsam spielen kann, und die zugleich, im Doppelsinn des Wortes, stets eine größere soziale Dimension im Auge haben. Ihre Regeln werden oft erst während des Spiels verständlich; zuweilen sind sie nicht einfach herauszufinden. Aber so sehr man vom Spiel gefangen sein mag: Es geht immer darum, im Blick zu behalten, was auf dem Spiel steht. Auf welcher Grundlage wird gespielt, wer hat die Regeln aufgestellt, und inwiefern bestimmen sie, was überhaupt gespielt werden und wer mitspielen kann?

Diese Spiele finden in der paradoxen Maschine des Theaters statt, in der alles echt ist und fiktiv zugleich, tatsächlich und symbolisch. Man kann mitspielen, mittendrin sein und sich gleichzeitig von außen beobachten. Theater ist immer eine soziale, aber auch eine selbstreflexive Praxis. Politisches Theater macht sich genau das zunutze.

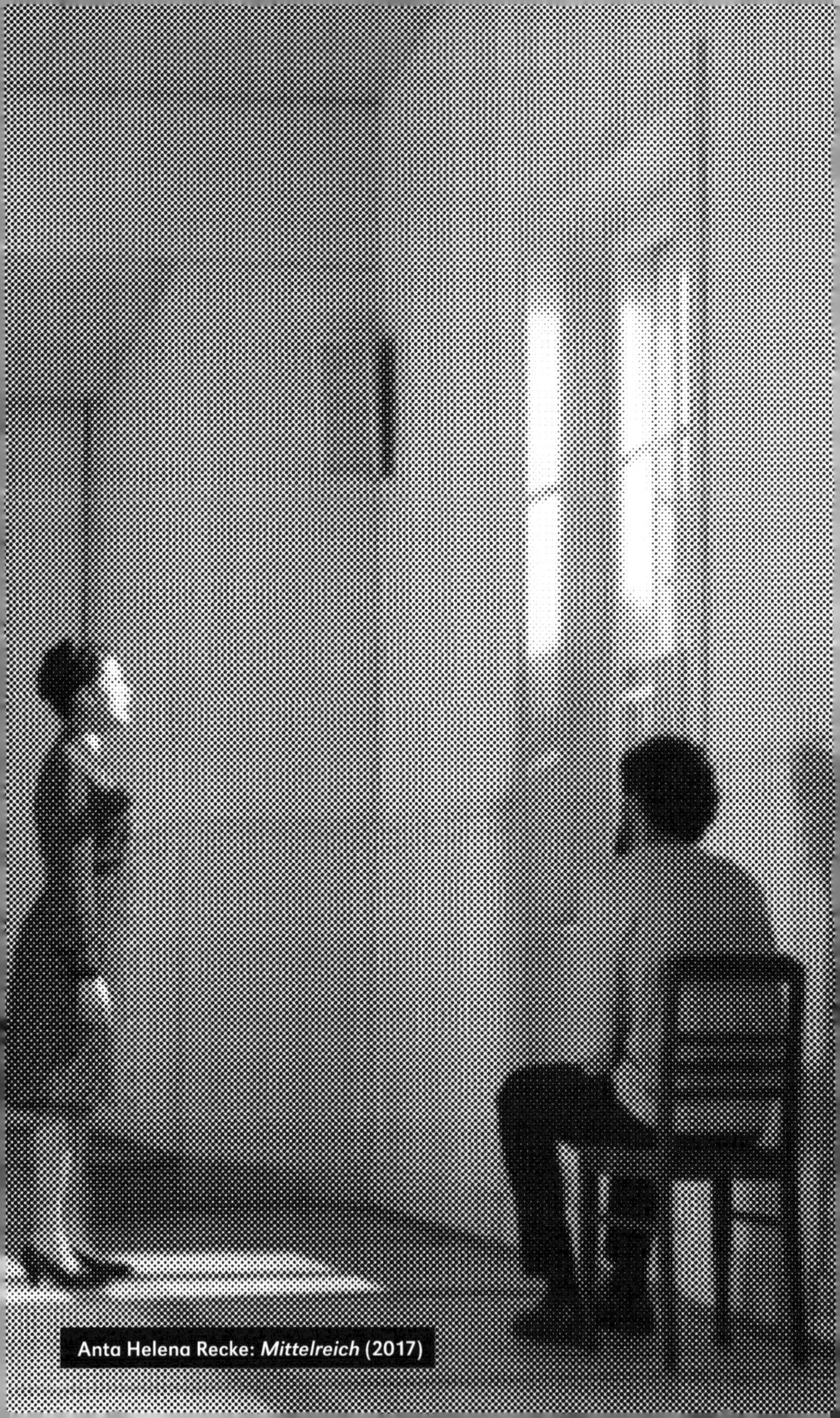

Anta Helena Recke: *Mittelreich* (2017)

REPRÄSENTATION

Eine Familie sitzt an einem Tisch. Eine »mittelreiche« Familie, die es ein bisschen zu was gebracht hat. Die etwas zu verlieren hat – und nicht viel zu gewinnen. Es ist eine Geschichte von Krieg, Vergewaltigung, Einsamkeit, Furcht, aber auch ganz profan von Wohlstand und Abstiegsängsten, von dominanten und doch feigen Vätern, von Sprachlosigkeit und der Flucht vor Verantwortung. Eine Geschichte, die überall spielen könnte. Und zugleich eine, die tief im kollektiven nationalen Bewusstsein wurzelt; eine Nachkriegserzählung aus einer Zeit, als Verdrängen zur deutschen Tugend wurde. Hart, aber auch melancholisch entrückt – umrahmt von Brahms *Deutschem Requiem*; das Banale schmiegt sich ans Transzendentale: »Denn alles Fleisch ist wie Gras / und alle Herrlichkeit des Menschen / wie des Grases Blumen. / Das Gras ist verdorret / und die Blume abgefallen.« Doch das Bild in diesem kargen, großen und zugleich klaustrophoben Allzwecksaal scheint nicht zusammenzupassen: Die Familie am Tisch ist schwarz. Ein Anblick, den man in Deutschland aus amerikanischen Fernsehserien kennt, aber nicht aus bayrischen Familiensagas.

In einem Land, in dem schwarze Menschen im Theater fast nur als *explizit* Schwarze auftauchen (weshalb schwarze SchauspielerInnen nicht nur immer die gleichen Typen, sondern oft auch exakt die gleichen Rollen spielen müssen), hat die Regisseurin Anta Helena Recke eine, wie sie es doppeldeutig nennt, »Schwarzkopie« der bereits existierenden Inszenierung *Mittelreich* (2015) von Anna-Sophie Mahler (nach einem Roman von Josef Bierbichler) auf die große

Bühne der Münchner Kammerspiele gestellt. Eins zu eins: gleiches Bühnenbild, gleicher Text, gleiche Darstellung, gleicher Ablauf – nur die SchauspielerInnen, der Chor, die MusikerInnen wurden ausgewechselt. Eine Nachahmung in der Tradition US-amerikanischer *appropriation*-KünstlerInnen wie Elaine Sturtevant oder Sherrie Levine, die seit den 1970er-Jahren ein raffiniertes, oft feministisches oder institutionskritisches Spiel mit der männlich dominierten Kunstwelt trieben, indem sie bekannte Bilder nachmalten, nachempfanden, nachstellten oder sich auf andere Weise aneigneten.

Aber diese *Mittelreich*-Kopie (2017) ist nicht nur eine ziemlich exakte Aneignung der Inszenierung einer anderen Regisseurin. Und sie weist durch die Aneignung weißer Figuren (und deren Verkörperung von weißen SchauspielerInnen) durch schwarze AkteurInnen auch nicht nur darauf hin, wie unter- bzw. gar nicht repräsentiert schwarze Körper und Geschichten auf deutschen Bühnen sind. Es geht zugleich um eine völlig andere – zwiespältige – Aneignung. Diese *appropriation* verbildlicht auch den (Alb)Traum völliger Assimilation: Eine schwarze Familie, die alle nichtweißen kulturellen Einflüsse verdrängt zu haben scheint, wenn etwa der Sohn damit hadert, dass er nicht weiß, »was der deutsche Wehrmachtssoldat in Russland und Frankreich tat, der mein Vater war« (Die Regisseurin selbst schreibt, dass sie unweigerlich an ihren senegalesischen Großvater denken muss, »der für die Franzosen nach dem Krieg in Berlin Bonbons an deutsche Kinder verteilt hat«[6]).

Neben der sehr klaren Forderung nach mehr Sichtbarkeit nichtweißer Menschen auf der Bühne und in der Gesellschaft ist es die hintergründige Ambivalenz dieser Arbeit, die das Publikum herausfordert. Denn die Inszenierung beschränkt sich ja nicht auf die Bühne. Wie jede gute *appropriation art* verweist sie permanent auf das, was drumherum ist. Auf die weißen ZuschauerInnen beispielsweise, die sich in einer Situation befinden, in der es kein eindeutiges Richtig gibt. Fortwährend muss die eigene Interpretation interpretiert werden: Ist weltläufige Aufgeschlossenheit nicht eher paternalistisches Wohlwollen? Bewerten wir familiäre Machtstrukturen anders, je nachdem, ob wir einer weißen oder einer schwarzen Familie zuschauen? Woran denken wir, wenn von Flüchtlingen (aus den Ostgebieten) die Rede ist – und diese ähnlich wenig willkommen sind wie die Geflüchteten fast siebzig Jahre später? (»Das sind einfach ganz andere Menschen, diese Flüchtlinge. Die passen einfach nicht in unsere Gegend.«[7]) Und warum denken wir überhaupt daran, wo doch die SchauspielerInnen auf der Bühne, wie auch die Regisseurin, allesamt in Deutschland geboren wurden? Und wenn wir umgekehrt glauben, tatsächlich »farbenblind« zu sein (oder es im Sog der Aufführung zu werden) – ignorieren wir damit nicht einfach selbstberuhigend eine Differenz, die wir sonst, zumindest strukturell, selbst aufrechterhalten? Der oft tastende, teils unbeholfene – nicht selten »superhöfliche«[8] (Recke) – Ton der Publikumsgespräche erzählt viel darüber, wie schwer das gesellschaftliche Reden über Diskriminierung noch immer fällt, sobald es direkt oder gar öffentlich geführt wird.

Aber auch wenn das Dilemma der weißen ZuschauerInnen ein wesentlicher Teil der Inszenierung ist: Der Abend richtet sich mindestens genauso an die nichtweißen ZuschauerInnen im ungewöhnlich gemischten Publikum, denn er bietet Identifikationsmöglichkeiten, die sonst fast immer fehlen.

Mittelreich ist zudem eines der überraschend wenigen Beispiele für *institutional critique* im Theater. (Auch das ein Genre der bildenden Kunst, bei dem das Kritisieren einer Kunstinstitution zur eigentlichen künstlerischen Praxis wird – meist im Auftrag eben jener kritisierten Institution.) Denn nicht nur die Tatsache, dass die Besetzung komplett auf Gäste angewiesen war, weil das Ensemble über keine schwarzen Mitglieder verfügt, hinterfragt das eigene Haus. *Mittelreich* ist vor allem auch eine deutliche Kritik an einem Repertoire, das, wie Recke sagt, fast immer ein weißes Publikum imaginiert – und dieses Publikum zugleich für universal hält.[9] Es gibt nicht viele Häuser, die das öffentliche Untersuchen des eigenen Tuns zum Teil ihres Spielplans machen.

In den Blick geraten aber auch die gesamte deutschsprachige Theaterszene, die Auswahlkriterien für Schauspielschulen, Ensembles und Repertoire, und nicht zuletzt das Feld der professionellen Kritik mit seinen Qualitätsmaßstäben. Während die meisten Besprechungen von *Mittelreich* versuchten, den Ansatz des Stückes zu würdigen (und die Arbeit von einer Kritikerjury zum Berliner Theatertreffen eingeladen wurde), gab es doch auch absurde Entgleisungen. Die Rezensentin der *Süddeutschen Zeitung* brachte unter der Überschrift »Schwarz allein reicht nicht« ihre Enttäuschung darüber zum Ausdruck, dass die schwarze Besetzung nicht die erhoffte »belebende Blutzufuhr« für die spröde Originalbesetzung brachte (und erklärte kokett gleich selbst – das wird man doch wohl noch sagen dürfen –, dass dies natürlich »politisch unkorrekt [sei], da von, wenn auch positiven, Vorurteilen gesteuert«.) Aber vielleicht waren die Darsteller dafür einfach nicht schwarz genug – denn »so schwarz sind sie dann ja auch wieder nicht, diese neuen sechs Körper und Gesichter.« Die eigentliche Diskriminierung läge denn auch nicht im Theatersystem, sondern in diesem »auf ganzer Linie schlechten Laientheater«.[10]

Anta Helena Reckes *Mittelreich*-Kopie zeigt, wie sehr alle am Theater Beteiligten – ob SchauspielerInnen, PerformerInnen, ZuschauerInnen oder KritikerInnen – immer auch als RepräsentantInnen einer größeren Gemeinschaft wahrgenommen werden, unterschieden durch Hautfarbe, Gender, Körperlichkeit, soziale Schicht, Berufsstand … So spiegeln sich die Fragen, die gegenwärtig alle Demokratien verfolgen – Wer wird auf welche Weise, von wem und mit welchem Recht repräsentiert? – im Theater wider: Kann eine bürgerliche Schauspielerin eine Geflüchtete repräsentieren? Kann der Westen den globalen Süden repräsentieren? Kann ein Mann eine Frau repräsentieren? Ist die Repräsentation von Stereotypen und Klischees (von Ethnien, Geschlechtern, Sexualität etc.) entlarvend oder einfach nur die Wiederholung entwürdigender Beleidigungen?

Die Probleme, die durch jüngere Diskussionen rund um *black face* (das Schwarzschminken weißer SchauspielerInnen), das Verwenden als diffamierend empfundener Bezeichnungen und Ähnliches manifest wurden, stellen weit mehr in Frage als nur das Recht und die Befähigung weißer SchauspielerInnen, Charaktere *of colour* darzustellen. Es sind politisch und künstlerisch komplexe Herausforderungen, die – wie der gesamte postkoloniale Themenbereich – im deutschen Theater spät angekommen sind. Postmigrantische Ansätze, die hervorheben, wie sehr unsere Gesellschaft durch Migration bereits verändert ist, prägen beispielsweise das Programm des Berliner Gorki-Theaters unter der Leitung von Shermin Langhoff und Jens Hillje mit seinem kulturell und ethnisch sehr diversen Ensemble. Das setzt auch andere Stadttheater unter Druck, während Häuser wie das Berliner Ballhaus Naunynstraße oder junge KünstlerInnen *of colour* wie Simone Dede Ayivi oder Anta Helena Recke eine Sichtbarkeit schwarzer Körper und Biografien auf der Bühne einfordern.[11]

So spiegeln sich die Fragen, die gegenwärtig alle Demokratien verfolgen – Wer wird auf welche Weise, von wem und mit welchem Recht repräsentiert? – im Theater wider.

Dass ein weißer Körper als neutral angesehen wird, während ein schwarzer immer bereits eine besondere Bedeutung hat, steht auch im Zentrum der Arbeit *Black Bismarck* (2015) des Theaterkollektivs andcompany&Co., die sich auf Überlegungen der *critical whiteness studies* bezieht, die »Weißsein« als soziale Machtkonstruktion beschreiben:

> Ein Gespenst geht um in Europa. [...] Das Gespenst des Kolonialismus. Die Europäer nennen ihn nur den Geist. Den Geist lockt das Weiß, das Weiß des unbeschriebenen Papiers, die weißen Flecken auf der Karte. Am Anfang war nicht das Wort, am Anfang war die leere Seite. Das Wunder der Schöpfung aus Nichts wiederholt sich jedes Mal aufs Neue, wenn Zeichen die weiße Leere füllen, mit Schwärze,

> Druckerschwärze. Schwarz wie das Pulver, das man in die Gewehre lädt oder schwarz wie die Nacht, wie man so sagt. Doch nachts sind alle Katzen grau, *man* bleibt anonym, aber *man* vergibt Namen – und dieses *man* ist weiß. Das ist die Lektion der *critical whiteness* für überprivilegierte Unterpigmentierte: Man ist nicht normal, man ist nicht neutral, man ist weiß. Man ist ein Geist.[12]

Ikonoklastisch, wortspielüberbordend und – wie immer in den Arbeiten von andco. – mit Pop-Zitaten gespickt sucht *Black Bismarck* zum 200. Geburtstag des »eisernen Kanzlers« nach afrikanischen Spuren in Berlin und erteilt der verbreiteten Auffassung, die deutsche Kolonialzeit sei – trotz Völkermords an den Herero – im Schatten späterer, noch schlimmerer deutscher Verbrechen doch vergleichsweise kurz und harmlos gewesen, eine klare Absage. Vor allem aber ist der Abend ein Versuch, sich als »überprivilegierte Unterpigmentierte« nicht anzumaßen, für andere zu sprechen oder sie zu repräsentieren.

Die Strategie der *appropriation*, die Recke mit *Mittelreich* verhandelt, hat noch einen weiteren komplexen Aspekt: Als Miley Cyrus, Popsängerin mit sicherem Instinkt für skandalprovozierende Selbstvermarktung, vor einigen Jahren bei den Video Music Awards eine *twerking*-Choreografie aufführte, wurde das heftig und polemisch diskutiert: Stahl da eine weiße Frau ein Stück afroamerikanischer kultureller Identität für den eigenen nächsten Hit? War ihre Aneignung des rhythmischen, sexuell expliziten Hinternschüttelns eine Hommage oder eine Karikatur? Auch das ist eine Frage der Machtverhältnisse: Die Aneignung von »unten« nach »oben« ist Selbstermächtigung, Integration, Assimilation, Identitätserweiterung oder Identitätsverlust. Die Aneignung in die umgekehrte Richtung – Raub? Verstehen-Wollen? Anerkennung?

Die Theatermacher Julian Warner und Oliver Zahn verfolgen in ihrer Performance *Situation mit Doppelgänger* (2015) die Aneignung und Vermarktung schwarzer und anderer minoritärer Tanzformen im Pop zurück bis in die Zeit der Minstrel Shows des 19. Jahrhunderts, in denen geschminkte Weiße stereotypische Schwarze darstellten – mal romantisierend, mal gehässig. Später wurden auch schwarze TänzerInnen und MusikerInnen selbst für solche Shows engagiert, ein Klischee im Feedbackloop.

Die Fragen, die solche kulturellen Aneignungen aufwerfen, sind seither die gleichen geblieben: Wem gehören solche Tänze, wer darf sie tanzen? Wann ist Imitation ein subversives Mittel, wann verstärkt sie existierende Machtstrukturen? In *Situation mit Doppelgänger* interpretieren Warner und Zahn – der eine schwarz, der andere weiß, aber beide keine ausgebildeten Tänzer – synchron sehr unterschiedlich konnotierte Minstrel-, Pop- und Volkstänze, in denen nicht nur Weiße Schwarze, sondern in einer Art Selbstermächtigung umgekehrt auch schwarze Tänzer die weißen Kolonialherren imitieren. Auf dünnem Eis untersuchen die beiden – analytisch und spielerisch zugleich – Modelle von Authentizität, Identität und Deutungshoheit.

Dass solche Konstruktionen permanent neu ausgehandelt werden müssen, prägt unübersehbar die Performances der deutsch-ivorischen Gruppe Gintersdorfer/Klaßen – nicht nur thematisch und ästhetisch, sondern vor allem auch in der kollaborativen Form ihres Entstehens. Wenn »die Tänzer singen, die Comedians tanzen, die Sänger texten«, dann ist das für Gintersdorfer/Klaßen ein bewusstes

> Spekulieren in fremden Kompetenzen […], mit dem wir der Repräsentationslast entgehen und eine direkte Kommunikation ermöglichen. Diese Kommunikation findet auf allen Ebenen statt und beinhaltet auch das Publikum als Mitdenker und eventuell Sprecher. In diesem System gibt es keine Störung durch Unvorhergesehenes, es ist eine diskursive Dramaturgie und keine der geregelten, getimten Abläufe. Nicht getimt bedeutet nicht schlecht getimt oder langsam, sondern getimt im Verhältnis zum Moment.[13]

Der Titel ihrer Performance *Das neue schwarze Denken – Chefferie* (2013) verweist auf ein politisch-administratives Modell der Versammlung vieler gleichberechtigter Chefs aus vorkolonialen Zeiten, das in Subsahara-Afrika bis heute parallel zu offiziellen staatlichen Strukturen praktiziert wird. Damit ist »Chefferie« auch eine Metapher für die eigene Zusammenarbeit der deutschen Regisseurin Monika Gintersdorfer mit meinungsstarken PerformerInnen von der Elfenbeinküste, aus Deutschland und in diesem Fall auch aus Ruanda und Kongo. Obwohl Gintersdorfer nie selbst im Rampenlicht der Aufführung steht, bleiben Widersprüche und diskursive oder persönliche Differenzen aus dem Probenprozess für die Zuschauenden sichtbar.

Mit Witz und Lässigkeit werden kontroverse Deutungen und Repräsentationen eines afrikanischen Selbstverständnisses gegeneinander ausgespielt und jeder westliche Versuch, das Bild des Kontinents zu homogenisieren, lustvoll unterlaufen. Dabei gehen die PerformerInnen verbal und physisch keiner Konfrontation aus dem Weg und scheuen auch vor politisch heiklen Stereotypisierungen nationaler Identitäten nicht zurück – das Unbehagen der weitgehend weißen ZuschauerInnen kommt ihnen gerade recht.

In *Chefferie* und vielen anderen Arbeiten von Gintersdorfer/Klaßen repräsentiert der Schauspieler Hauke Heumann auf der Bühne die Westler im Publikum, überträgt aber zugleich den Text der anderen PerformerInnen rasant zwischen Französisch, Deutsch und Englisch hin und her und erlaubt sich dabei durchaus eigene Wertungen – ein vergeblicher, doch immer hoffnungsfroher und sehr komischer Kampf mit einer Rolle zwischen Selbstverleugnung und Selbstbehauptung.

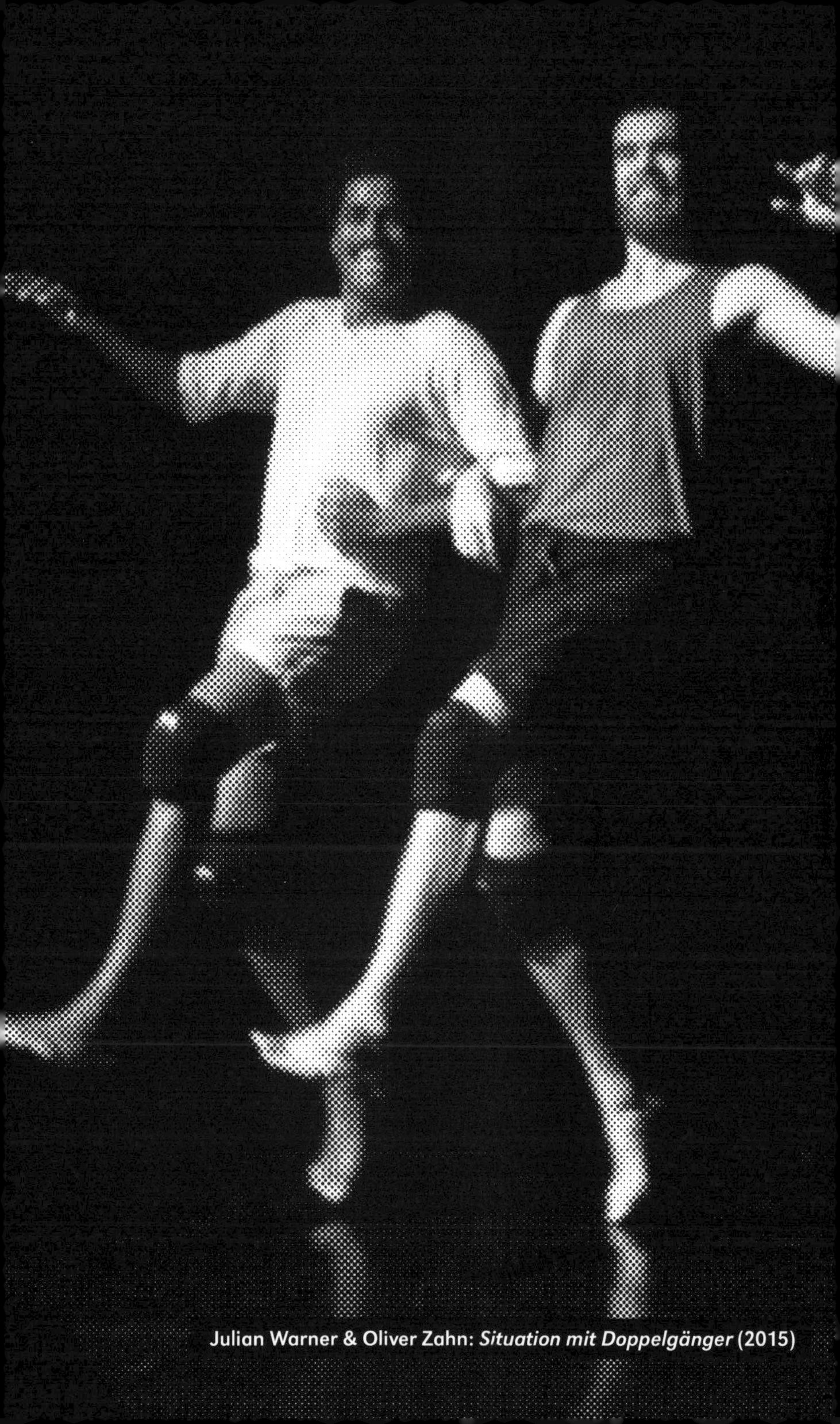

Julian Warner & Oliver Zahn: *Situation mit Doppelgänger* (2015)

Krisen der Repräsentation

Im Mittelalter, da war die Sache noch relativ klar. Der König hat zwei Körper: einen natürlichen, menschlichen, sterblichen und einen symbolischen, kollektiv-religiösen, der ewig währt.[14] Der König ist tot, es lebe der König! Im Absolutismus gab es dann nur noch einen Körper, der Monarch war identisch mit dem Staat – »L'état c'est moi« (»Der Staat bin ich!«) – und brauchte keinen Gott mehr für seine Legitimation. Komplizierter wurde es, als die Revolutionen in Nordamerika und Frankreich plötzlich das Volk zum Souverän machten. Denn wo alle die Macht haben, kann kein Einzelner sie mehr verkörpern: Der Ort der Macht muss leer bleiben.[15] Nicht nur, dass die politisch Herrschenden nun keine eigene Gewalt mehr haben – die Macht, die sie auf Zeit stellvertretend ausüben, gehört zudem einem immer heterogener werdenden Volk. Eine unmögliche Aufgabe: etwas zu repräsentieren, das nicht repräsentiert werden kann. So ist Demokratie nie etwas Festes, sie bleibt immer »im Kommen«, wie der Philosoph Jacques Derrida schreibt.[16]

Die beiden Bedeutungen von Repräsentation – Darstellen und Stellvertreten – sind nicht voneinander zu trennen.

Krisen der Repräsentation ziehen sich also zwangsläufig durch die Moderne – in der Politik, aber auch in der Kunst: Erst wollten sich Malerei und Skulptur nicht mehr auf die Aufgabe reiner Abbildung reduzieren lassen, dann brachte Marcel Duchamp mit dem *readymade* Alltagsgegenstände ins Museum, die zunächst nichts anderes zu repräsentieren schienen als sich selbst. Seit den 1960ern versuchten *performance art* und *happenings* der Repräsentation zu entkommen, indem sie den Fokus ganz auf die Präsenz, die Gegenwärtigkeit der Situation legten, die sie selbst erzeugten. Und *institutional critique* richtete den Blick vor allem auf die strukturellen, organisatorischen und ökonomischen Bedingungen von Repräsentation.

Auch im Theater tobte der Kampf gegen hergebrachte Vorstellungen von Repräsentation mit Antonin Artaud und Bertolt Brecht als prominentesten Protagonisten auf gegensätzlichen Seiten: Während der eine dafür kämpfte, die Differenz zwischen Repräsentation und Repräsentiertem ganz aufzuheben und Kunst und Leben eins werden zu lassen, wollte der andere sie transformieren, transparent machen und zugleich jene einbeziehen, die künstlerisch wie politisch nicht ausreichend repräsentiert wurden. Dabei wird deutlich, dass Brechts Konzept des gestischen Spiels – also des verweisenden Zeigens – nicht nur ein ästhetisches ist: So wie in der Demokratie die Macht nicht mehr verkörpert, sondern zu einer Geste wird, die auf den eigentlichen Souverän verweist,[17] so soll immer erkennbar bleiben, dass die Stellvertretung der Bühnenfigur durch den Schauspieler rein symbolisch ist. Es ist ein Zeigegestus, der in der Demokratie wie im Theater zugleich auf die Unmöglichkeit der Repräsentation wie auch die Unmöglichkeit einer Nicht-Repräsentation verweist. Die beiden Bedeutungen, die Repräsentation im Deutschen hat – die des Darstellens und die des Stellvertretens –, sind nicht voneinander zu trennen.

Regietheater und frühes postdramatisches Theater

Es war vor allem das progressive Theater der 1970er- und 80er-Jahre, das in Europa ein paradigmatisches Bild geprägt hat, das vielen bis heute als geradezu synonym für politische Kunst überhaupt gilt. Tatsächlich waren die Bühnen damals (wenn auch auf sehr unterschiedliche Weise in West und Ost) ein durchaus relevanter Faktor vieler gesellschaftlicher Debatten. In einer Zeit, in der die gegensätzlichen Ideologien noch wirkmächtig und die Trennung zwischen den Blöcken klar markiert war, engagierte sich das Theater in einer Vielzahl politischer Anliegen, indem es das Elend der Welt repräsentierte – vom Vietnamkrieg über Apartheid in Südafrika bis hin zu den alltäglichen Widrigkeiten einer lokalen Arbeiterfamilie. Während im Osten die subversive Kraft oft in versteckten oder kodierten Botschaften lag, waren im Westen offene Provokationen ein wichtiger Teil des Repertoires: türenschlagende ZuschauerInnen, die unter Protest den Saal verließen, gehörten zum Alltag. Ob mit neuen Stücken oder konsequent modernisierten Klassikern: radikale Interpretationen der aufzuführenden Texte waren wesentliches Merkmal eines Regietheaters, das allerdings im Großen und Ganzen trotz seiner vielen neuen Ansätze meist einem – wie sehr auch immer abstrahierten – mimetischen Spiel verhaftet blieb. Auch wenn es dem politischen Theater dieser Zeit oft gelang, jenseits direkter Betroffenheit ein Bewusstsein für die systemischen Gründe hinter den dargestellten Missständen zu erzeugen, konnte es doch meist dem Dilemma nicht entkommen, dass seine Repräsentationen lediglich symbolische Wiederholungen genau jener Übel waren, die es eigentlich bekämpfen wollte. Brecht nannte dieses Phänomen schon in den frühen 1930er-Jahren »Menschenfresserdramatik«: »Der physischen Ausbeutung des Armen folgte die psychische. Doppelte Ministergehälter wurden den Mimen ausgeworfen, welche die Qualen der Ausgebeuteten möglichst naturgetreu imitieren konnten [...].«[18] Die bemitleidete Figur erzeugt Gefühle der Trauer, Betroffenheit, Schuld oder gar Wut bei den ZuschauerInnen, die aller Wahrscheinlichkeit nach – zumindest strukturell – daran beteiligt sind, genau dieses System der Ausbeutung am Leben zu erhalten.

Letztlich setzt das Theater damit bis heute oft nur fort, was Brecht in seinem *Kleinen Organon für das Theater* analysiert hat: »Das Theater, wie wir es vorfinden, zeigt die Struktur der Gesellschaft (abgebildet auf der Bühne) nicht als beeinflußbar durch die Gesellschaft (im Zuschauerraum).«[19] Nicht nur das Stück auf der Bühne, sondern das gesamte theatrale Setup (ganz zu schweigen von den Hierarchien in der Institution selbst) reproduziert lediglich das System, das es kritisieren will. In den Worten des Theatermachers René Pollesch:

> [Schauspielerinnen müssen] den Sexismus, der in der Gesellschaft herrscht, auf der Bühne reproduzieren [...], legitimiert durch den Dramenkanon, der keine Frauenfiguren kennt, wo bei den *Räubern* die Amalie kurz mal reinschneit und in heutigen Inszenierungen immer noch ein kleines, dünnes Kleidchen verpasst kriegt, um für ein bisschen Erotik zu sorgen, und dann wieder rausgeht, und nichts zu sagen hat ...[20]

In Opposition zu einer solchen Repräsentationspraxis entstand vor allem seit den 1990er-Jahren ein Theater, das vorherrschende Modelle nicht nur reformieren, sondern – außerhalb etablierter Theaterstrukturen – grundlegend revolutionieren wollte. Postdramatisches Theater, *devised theatre*, *live arts*, Performancetheater, freies Theater – es gibt viele Labels für dieses Genre, das wegen der Mannigfaltigkeit seiner Formen und Überlappungen mit anderen künstlerischen Disziplinen meist nicht leicht zu definieren ist. Mehr noch als die Skepsis gegenüber der dominanten Rolle des Textes, dem Inszenierungen im dramatischen Theater fast immer nachgeordnet sind, stand die Kritik am Gebrauch mimetischer Repräsentation im Mittelpunkt dieser neuen Ästhetiken und Arbeitsweisen. Autorenregisseure wie John Jesurun oder René Pollesch und Kollektive wie Gob Squad oder She She Pop lehnten es als vermessen ab, über andere zu reden, über deren Probleme, Schuld und Leid. Stattdessen wandten sie den Blick auf sich selbst, ihre popkulturelle Umwelt und auf das Theater als Medium. Es galt, wie es im damals viel zitierten Roman *Generation X* von Douglas Coupland heißt: »Entweder entstehen aus unserem Leben Geschichten, oder es gibt einfach keinen Weg hindurch.«[21]

Nicht nur das Stück auf der Bühne, sondern das gesamte theatrale Setup reproduziert lediglich das System, das es kritisieren will.

Das Theater als Ort, als Verabredung, aber auch als Maschinerie wurde sichtbar gemacht, während auf der Bühne, offensiv subjektiv, die eigene kleine Umgebung einer globalisierten, urbanen, kreativen, semi-prekären Mittelschicht verhandelt wurde, die damals noch im Entstehen war und sich selbst erst definieren musste. Der sehr politische Impuls, die Reflexion bei sich selbst beginnen zu lassen, birgt allerdings die Gefahr, das eigene Wohnzimmer mit der Welt zu verwechseln, wie es die britisch-deutsche Gruppe Gob Squad Jahre später selbstkritisch mit der Arbeit *Western Society* (2013) auf den Punkt bringt. Zwar wird auch hier, wie gewohnt, das Leben der eigenen *bubble* auf die Bühne gebracht – doch der Titel gibt den Rahmen vor, durch den ein ironisch-nostalgischer Blick auf eine weiße, westliche Gesellschaft geworfen wird, die es so schon längst nicht mehr gibt, vielleicht nie gab. Wie durch ein verkehrtherum gehaltenes Teleskop erscheint das Nahe plötzlich ganz weit entfernt.

Einen anderen Weg im Umgang mit der Repräsentationsfalle des dramatischen Theaters wählte eine Reihe von TheatermacherInnen seit den 2000er-Jahren, indem sie sich verstärkt dokumentarischen Formaten zuwandten und die Bühne für die Selbstdarstellung von »echten Menschen« öffneten. Regiekollektive wie Rimini Protokoll, die in Manchester ansässige Kompanie Quarantine oder die argentinische Autorin und Regisseurin Lola Arias haben in ihrer Arbeit mit »ExpertInnen des Alltags« (Rimini Protokoll) sehr spezifische und zugleich unterschiedliche Dramaturgien der Fürsorge entwickelt, denen es nicht selten gelingt, sowohl den Bedürfnissen der DarstellerInnen als auch den künstlerischen Ansprüchen der Aufführung gerecht zu werden. Wesentlich für den weltweiten Erfolg eines solchen »dokumentarischen Theaters« ist, dass es sich weder auf das letztlich überschaubare Reservoire verfügbarer oder neu geschriebener Dramenfiguren noch auf die PerformerInnen des Gleichaltrigentheaters der meisten anderen freien TheatermacherInnen beschränken muss. Dass es Leute vorstellt, die man selten so sieht oder nie. Dass es sie – anders als Reality TV und Talkshows – nicht in realen oder künstlichen Ausnahmezuständen präsentiert, sondern unaufgeregt und selbstbewusst. Und dass es kein Geheimnis daraus macht, dass diese Authentizität der Menschen auf der Bühne auch nur eine Rolle ist, wenn auch die Rolle ihres Lebens.

Solche Spiele der (Selbst-)Repräsentation werden vom Theater HORA weiter zugespitzt. Das Schweizer Ensemble ist – neben beispielsweise den Berliner Theatern Thikwa und RambaZamba, dem australischen Back to Back Theatre, den französischen Ensembles Création Ephémère und Oiseau-Mouche, dem belgischen Theater Stap, dem polnischen Teatr 21 und der niederländischen Gruppe Maatwerk – eine der bekanntesten und ältesten Kompanien mit kognitiv beeinträchtigten, meist vom Down-Syndrom betroffenen SchauspielerInnen. Dem üblichen Bild der Gesellschaft setzt sie eines entgegen, in dem jene sich Raum nehmen, die für »nicht normal« gehalten werden – die in der Regel unsichtbar sind, die als unproduktiv, unkultiviert, vielleicht sogar unheimlich gelten. Die Kraft dieses Gegenbildes liegt gerade darin, dass es fragil und fragmentiert bleibt. Zu große Eindeutigkeit wird permanent von den PerformerInnen mit ihren starken, oft unberechenbaren Persönlichkeiten konterkariert.

Als Gastregisseur machte der französische Choreograf Jérôme Bel in *Disabled Theater* (2012) die eigene heikle Position deutlich, indem er seine strikten Regieanweisungen während der Performance unmissverständlich auf der Bühne verkünden ließ und so die implizite Hierarchie der Produktion betonte. Zugleich aber erfüllten die PerformerInnen diese Aufgaben wie auch immer sie selbst es wollten (also zuweilen gar nicht). Wie sehr die dominierenden Spielregeln des Theaters fortwährend missachtet wurden, irritierte und beeindruckte Bel, dessen Ruf doch selbst auf Regelverletzung beruht:

> Als ich anfing, mit ihnen zu arbeiten, bekam ich beinah einen Kollaps. Und dann verstand ich plötzlich, dass da noch viele dieser Theaterregeln in mir arbeiteten, die ich selbst nicht in Frage stellte. Lärm hinter der Bühne zum Beispiel. Anfangs bin ich dann auf der Bühne herumgesprungen und hab rumgeschrien. Aber dann hab ich verstanden, dass dieser kleine Vorfall nur meine eigenen Regeln entlarvt hat. Ich habe noch immer viel zu tun.[22]

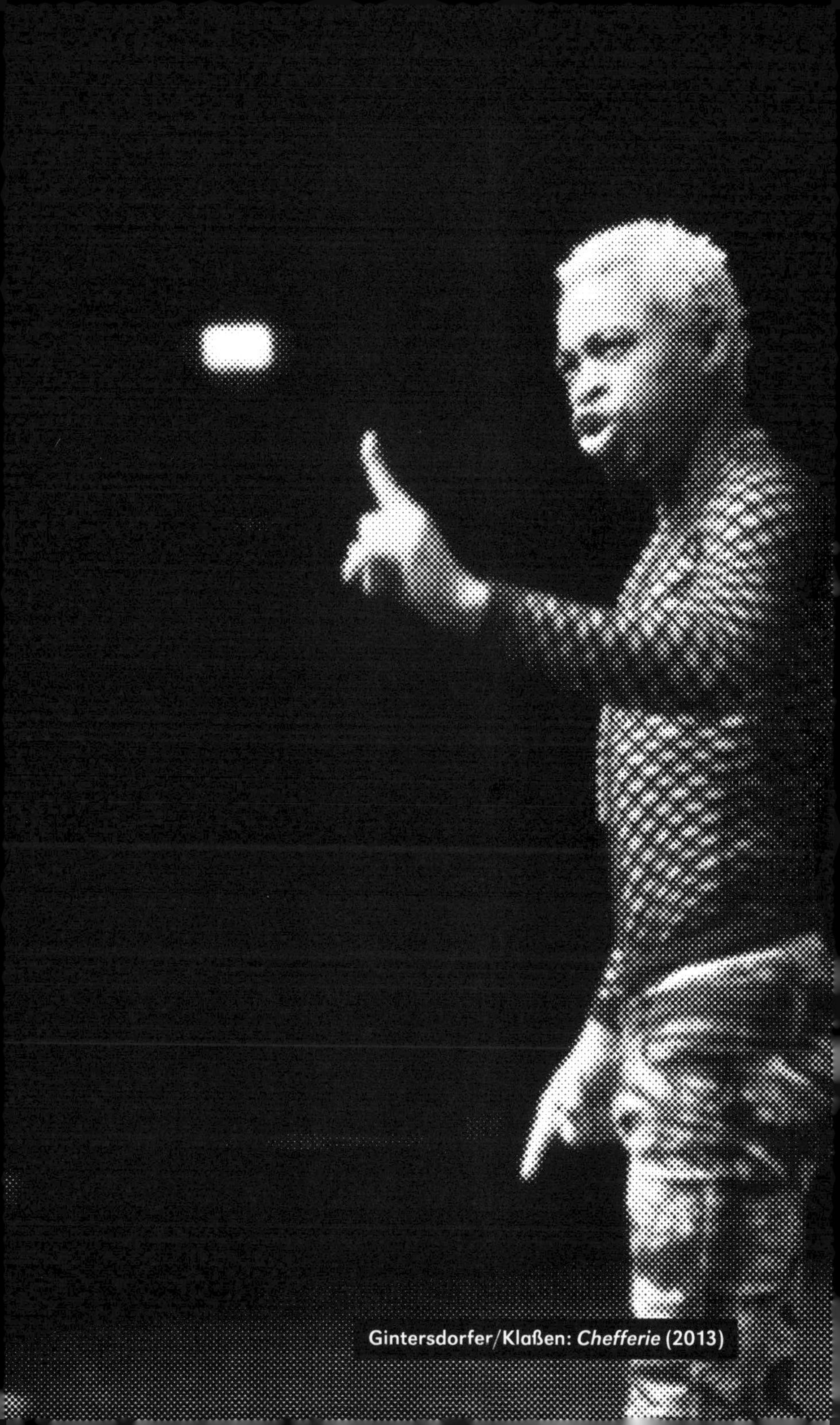

Gintersdorfer/Klaßen: *Chefferie* (2013)

Kontrollsucht trifft auf Subversion, konzeptuelle Kunst auf *camp*. Christoph Schlingensief erklärte im Kontext seiner *Freakstars 3000* (2002), einer Fernseh-Talentshow mit geistig und körperlich behinderten TeilnehmerInnen, von denen viele, wie Werner Brecht, Mario Garzaner, Helga Stöwhase oder Achim von Paczensky, bereits vorher in seinen Filmen oder Theaterarbeiten zu sehen waren: »Der Freak ist die Situation selbst, die uns zur Unterscheidung zwingt, was normal ist und was nicht.«[23]

Sichtlich inspiriert von poststrukturalistischen Theorien rebellieren all solche Ansätze auf sehr unterschiedliche Weise gegen die Hegemonie des Textes mit einer neuen Komplexität der Theaterzeichen: Wo der Text nicht mehr zwangsläufig das erste und das letzte Wort hat, kann alles in den Vordergrund rücken: Bewegung, Raum, Ton, Licht, die Präsenz der PerformerInnen, das Publikum …

Inspiriert von poststrukturalistischen Theorien rebellieren solche Ansätze gegen die Hegemonie des Textes mit einer neuen Komplexität der Theaterzeichen

Statt eine Situation (künstlich) zu repräsentieren, also eine andere Wirklichkeit zu zeigen, um sie zu kritisieren, geht es darum, eine eigene (echte) Situation in der Kopräsenz des Publikums zu erzeugen, wie der Theaterwissenschaftler Hans-Thies Lehmann in *Postdramatisches Theater* schreibt: »Im Unterschied zu allen Künsten des Objekts und der medialen Vermittlung findet hier [im Theater] sowohl der ästhetische Akt selbst (das Spiel), als auch der Akt der Rezeption (der Theaterbesuch) als reales Tun in einem Hier und Jetzt statt. […] Emission und Rezeption der Zeichen und Signale *finden zugleich statt.*«[24]

Der Fokus auf Medium und Form des Theaters selbst, das Misstrauen gegenüber geschlossenen Narrationen und psychologischer Kausalität sowie der Wunsch, individuelle Erfahrungen zu ermöglichen, in denen alle Zuschauenden ihre eigenen Wege der Interpretation finden müssen, hatte auch Auswirkungen auf das Konzept des Politischen im Theater. Dieses wurde nun vor allem im »Wie« seiner Repräsentation gesucht, nicht mehr im »Was« seiner konkreten politischen Inhalte. Philosophen wie Jacques Rancière boten eine breite theoretische Basis dafür, das Medium Theater durch die Analyse des »ästhetischen Regimes« und der Rolle des Betrachters als »emanzipiertem Zuschauer« neu zu denken.[25]

Auf den oft vereinfachenden oder moralisierenden Gebrauch von Begriffen wie Wahrheit, Realität oder auch Politik reagierten postdramatisches Theater und konzeptueller Tanz konsequent mit einem komplexen Spiel von Schichten, Ambiguitäten und Hinterfragungen. So eröffneten sie neue Perspektiven und künstlerische Möglichkeiten, die schließlich auch das Feld des dramatischen Theaters stark beeinflussten.

Es war ein wichtiger Impuls, ZuschauerInnen auf diese Weise mit ihren eigenen Erfahrungen als Ko-AutorInnen ernst zu nehmen, aber er hatte auch einen signifikanten Nebeneffekt: Das Publikum wurde weniger als ein mögliches Kollektiv denn als eine Zusammenkunft von Individuen gesehen. Postdramatisches Theater und konzeptueller Tanz – wieder einmal in Korrespondenz mit den gesellschaftlichen Veränderungen – schufen BetrachterInnen, die sich zwar von der aufgezwungenen Imagination der RegisseurInnen emanzipierten, aber auch dem idealen neoliberalen Subjekt ähnlicher wurden, das seine Individualität vor allem in aktivem Konsum sucht.

Die Politik und das Politische

Wenn in den letzten Jahren vom politischen Theater die Rede ist, wird meist auf die Unterscheidung zwischen *der Politik* und *dem Politischen* verwiesen. Eine Differenzierung, die nicht neu ist, aber besonders seit dem Ende vermeintlicher Gewissheiten nach dem Fall der Mauer deutlich an Bedeutung gewonnen hat. Das Zerbröseln der ideologischen Fundamente in Ost und West beantworten nach und nach französische Philosophen wie Jean-Luc Nancy, Alain Badiou, Jacques Rancière oder Claude Lefort (aber auch die Nicht-Franzosen Giorgio Agamben, Ernesto Laclau und Chantal Mouffe) mit – wie der Politologe Oliver Marchart schreibt – »postfundamentalistischen« Theorien, bei denen *das Politische* eine zentrale Rolle spielt.

Die Politik umfasst hier, mit leicht unterschiedlichen Grenzziehungen der verschiedenen Ansätze, das konkrete Feld staatlicher Funktionen und staatlichen Handelns (Parteien, Regierung etc.). Es ist die Politik des Alltags, der Politiker, der Parlamentsroutinen. Ihr Problem: Sie bleibt letztlich immer pragmatisch, bohrt bestenfalls langsam harte Bretter, lässt aber kaum Raum für Utopien, für die großen Fragen. Bei den TheoretikerInnen des Politischen hat *die Politik* deshalb in der Regel keinen guten Ruf.

Das Politische hingegen ist schwerer zu umreißen. In seiner landläufigen Verwendung verweist es – eher diffus – auf die Dimension des Sozialen, zuweilen des Kollektiven, auf die Sphäre, in der sich auch politische Bewegungen manifestieren – von Occupy Wall Street bis zu den Gelbwesten in Frankreich. *Das Politische* bezeichnet also das Nicht-pragmatische, das Ungefilterte, Direkte: »Sich auf das Politische und nicht auf die Politik beziehen […] heißt von allem sprechen, was ein Gemeinwesen jenseits unmittelbarer parteilicher Konkurrenz um die Ausübung von Macht, tagtäglichen Regierungshandelns und des gewöhnlichen Lebens der Institutionen konstituiert«, schreibt der Politologe Pierre Rosanvallon.[26]

Grundlegender ist die Verwendung des Begriffs im Denken obengenannter postfundamentalistischer TheoretikerInnen – wobei das Wort »grundlegend« offensichtlich auf ein Paradox verweist. Denn in der Tat ist *das Politische* so etwas wie die Basis in einem Denken, in dem es keine verlässlichen Fundamente mehr gibt: *Das Politische* ist das sich immer verändernde, unsichere, kontingente Fundament *der Politik*. Es ist das, was *die Politik* immer hinterfragt – und nur so eine lebendige Demokratie ermöglicht. Ohne Ordnung (und damit eine Begründung) kann Gesellschaft nicht existieren. Aber ihre Ordnung ist nicht endgültig, muss immer neu verhandelt werden. Ihre Wahrheiten sind Arbeitsthesen, worauf auch Derridas erwähntes Konzept einer Demokratie »im Kommen« verweist.[27]

Diese Unterscheidung zwischen *der Politik* und *dem Politischen* ist wichtig und hilfreich. Sie zeigt die innere Widersprüchlichkeit politischen Agierens – und dass Demokratie permanent neu errungen, neu gegründet werden muss. Indem sie außerdem die Möglichkeit politischer Imagination, eines alternativen Denkens und Handelns eröffnet, ermöglicht sie nicht nur, die zahlreichen außerparlamentarischen Bewegungen weltweit zu verstehen, sondern auch das besondere Potential von Kunst als politischem Raum zu fassen.

Aber der Fokus auf *das Politische* birgt auch das Risiko eines reinen »Philosophismus«, wie Marchart es nennt: »Der Glaube an ein ›reines‹ Politisches wird dann zur intellektuellen Spielart einer destruktiven Politikverdrossenheit, statt produktives eigenes Handeln zu ermutigen.« Dass sich das durchaus auch auf die Kultur übertragen lässt, merkt Marchart an anderer Stelle selbst an: »Eine vergleichbare Operation findet sich übrigens im Kunstdiskurs, wenn behauptet wird, alle Kunst sei an sich schon politisch, um damit letztlich nichts anderes zu bezwecken, als die Delegitimierung tatsächlich politischer Kunst.«[28]

Tatsächlich wurde eine Generation von PhilosophInnen, die ihre Theorien direkt aus ihren eigenen politischen Erfahrungen und Engagements hergeleitet hatte (Michel Foucault kämpfte mit der *Groupe d'information sur les prisons* für Menschenrechte in Gefängnissen, Alain Badiou engagierte sich in der *Organisation politique* für Migration und Asylpolitik, Jacques Rancière war kurzzeitig Mitglied einer Maoistengruppe – um nur einige zu nennen), nach und nach von PhilosophInnen (und KünstlerInnen, DramaturgInnen, KuratorInnen etc.) abgelöst, die auf deren Überlegungen aufbauten und sie weiter abstrahierten – aber allzu oft, ohne sie erneut an die eigene gegenwärtige, konkrete Realität rückzubinden.

Und so hat sich auch die Theaterwelt weitgehend daran gewöhnt, philosophische Theorien und Kunstwerke politisch zu nennen, selbst wenn sie nur auf Ideen beruhen, die bereits von den konkreten politischen Impulsen, die sie entzündeten, abstrahiert wurden. Ein homöopathisches Secondhand-Verständnis politischer Philosophie und Kunst ist zur Grundlinie vieler zeitgenössischer kultureller Diskurse geworden.

Dabei manövriert uns das konstante Bewusstsein um die Komplexität von Begriffen wie Wahrheit, Realität oder auch Politik nicht selten in eine Sackgasse: Entweder begreifen und beschreiben wir die Welt zu einfach oder zu komplex, zu populistisch oder zu eremitisch. Wir schließen zu viel ein oder zu viel aus. Wir sind an einem Punkt angelangt, wo das nötige Bewusstsein darüber, dass alles kontingent ist, zu oft zur Entschuldigung für intellektuellen Relativismus geworden ist.

Ein homöopathisches Secondhand-Verständnis politischer Philosophie und Kunst ist zur Grundlinie vieler zeitgenössischer kultureller Diskurse geworden.

Besonders die Schriften von Jacques Rancière werden seit den späten 1990ern gern hierfür in Stellung gebracht. Seine Skepsis gegenüber jedem klaren politischen Statement in der Kunst und sein starkes Vertrauen in die Kraft ihrer »Unbestimmtheit«[29] halfen, den Weg für sehr weite Definitionen des Politischen zu bereiten. Seine These, Kunst sei vor allem widerständig, indem sie »die Ordnung der Wahrnehmung durchbricht und die sinnlichen Hierarchien erschüttert«[30], wurde vielfach zum Blankoscheck einer Kunst, die zwar (oft auch nur vermeintlich) Sehgewohnheiten irritiert, aber ansonsten kein politisches Anliegen erkennen lässt.

Das Diktum Hans-Thies Lehmanns, »im Wie der Darstellung« sei »das Politische, die politische Wirkung, die politische Substanz [des Theaters] zu suchen«,[31] wird von derzeitigen politisch engagierten TheatermacherInnen variiert und ergänzt: Die politische Substanz des Theaters liegt darin, das Was und das Wie der Darstellung in Einklang zu bringen. Denn so groß das politische Potential einer Ästhetik der Irritation und der veränderten Wahrnehmungen auch ist – die Auseinandersetzung mit einem konkreten Gegenstand ersetzt sie nicht.

Wissend, dass die Frage nach Repräsentation nie eine rein formale ist, haben TheatermacherInnen in jüngster Zeit zunehmend versucht, ein selbstreflexives Bewusstsein für Fragen der Form zu bewahren und es zugleich für konkrete politische Inhalte zu nutzen – und so Komplexität und Klarheit im Wechselspiel von Ästhetik und Ethik künstlerisch miteinander zu verbinden.

Anthropozän, Animismus und Post-Humanismus

Doch die Frage, wer oder was hier eigentlich repräsentiert wird, zieht noch weitere Kreise: In den letzten Jahren hat sich zunehmend die Vorstellung durchgesetzt, dass wir in einem neuen Zeitalter leben, dem Anthropozän; einer Ära, die, wie der Name sagt, maßgeblich vom Menschen beeinflusst ist.

Dass die Menschheit den Planeten massiv verändert hat, mag erst einmal nicht weiter überraschend klingen. Das Konzept des Anthropozän allerdings geht buchstäblich tiefer; es ist kein kulturhistorisches, sondern ein geochronologisches: Die Spuren der Menschheit lassen sich nicht nur an der Oberfläche, sondern langfristig oder gar für immer in den geologischen, biologischen und atmosphärischen Prozessen der Erde nachweisen.

Dieser Befund hat auch in der Kunst die drängende Frage nach grundlegend anderen Lebensmodellen aufgeworfen, darunter diverse Varianten eines neuen Materialismus und Theorien eines Trans- oder Posthumanismus (der in verschiedenen Spielarten den Menschen zumindest aus dem Zentrum der Schöpfung vertreibt, ihn neu konfiguriert – oder gar ganz abschafft). Dabei ist vor allem das ursprünglich aus der Ethnologie des 19. Jahrhunderts stammende Konzept des Animismus – also die Auffassung, dass alles auf der Erde Seele oder

Geist habe, auch Tiere, Pflanzen, Steine, Flüsse … – zum Ausgangspunkt zahlreicher neuer Überlegungen geworden. Im künstlerischen Diskurs hat besonders eine Ausstellung gleichen Namens im Berliner Haus der Kulturen der Welt (2012) die Grenzen zwischen Leben und Nicht-Leben verwischt und so, als Kritik am Entweder-oder-Dualismus der Moderne, einen anderen Blick auf uns umgebende »belebte Materie, beseelte oder sozialisierte Natur, handelnde Dinge, Geister, Verwandlungen«[32] und deren Repräsentation gefordert.

Einer der prominentesten Vertreter einer solchen Grundsatzkritik an der Moderne ist – neben der Biologin und Feminismustheoretikerin Donna Haraway und der Philosophin Isabelle Stengers – der französische Wissenschaftssoziologe Bruno Latour, der das Soziale um nichtmenschliche Akteure erweitern und die Unterscheidung zwischen vermeintlichen Gegensätzen wie Subjekt und Objekt auflösen will. Das von ihm entworfene »Parlament der Dinge« soll Menschen, Tieren, Pflanzen, Gegenständen als AkteurInnen und »AktantInnen« (wie er nichtmenschliche AkteurInnen bezeichnet) ermöglichen, gemeinsam selbst zu bestimmen, *wie* sie überhaupt entscheiden und *wie* sie zusammenleben wollen.[33]

Sich dies als eine, wenn auch utopische, Theateraufführung vorzustellen, ist vermutlich nicht verkehrt. Schließlich stammt der Ausdruck »AkteurIn« – ein zentraler Begriff in Latours Theorie –, wie er selbst an anderer Stelle schreibt, »aus der Bühnenwelt.« Ihn »zu verwenden bedeutet, dass nie klar ist, wer und was handelt, wenn wir handeln, denn kein Akteur auf der Bühne handelt allein.«[34] Man kann dabei an den polnischen Theatererfinder Tadeusz Kantor denken, der in legendären Arbeiten wie *Die tote Klasse* (1975) Puppen, Gegenstände und SchauspielerInnen als gleichberechtigte PerformerInnen verstand. Menschen und Dinge verschmelzen zu »Bio-Objekten«.

Und so schließt die Auseinandersetzung mit Repräsentation im Theater, konsequent weitergedacht, auch nichtmenschliche Wesenheiten mit ein, wenn etwa Mette Ingvartsen in *evaporated landscapes* (2009) ima-

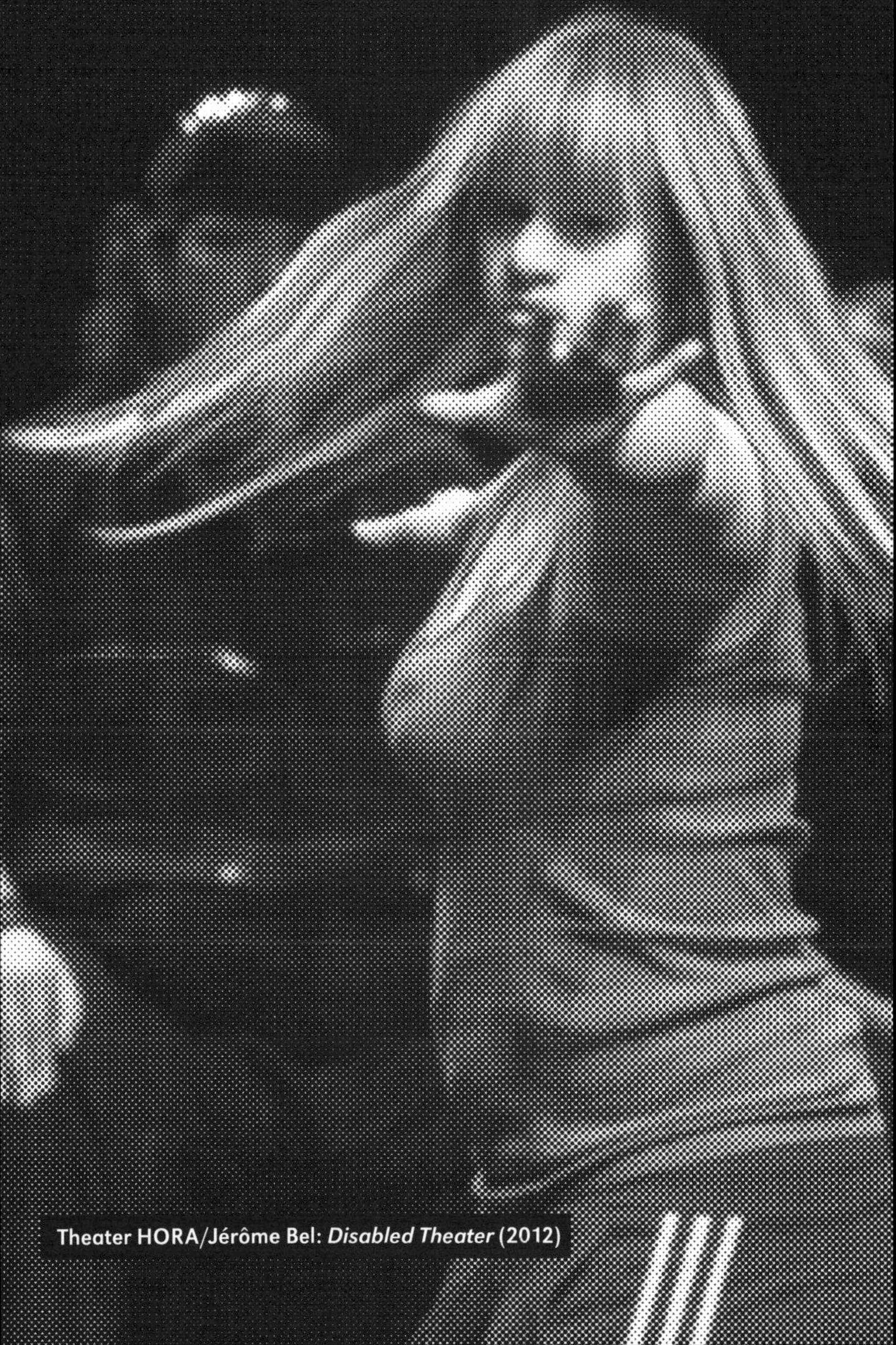

Theater HORA/Jérôme Bel: *Disabled Theater* (2012)

ginäre Landschaften aus Nebel und Licht choreografiert, Jozef Wouters das Naturhistorische Museum in Brüssel um ein *Zoological Institute for Recently Extinct Species* (2013) erweitert oder David Weber-Krebs in seinem Langzeit-Projekt *Balthazar* (seit 2011) einen Esel als ziemlich eigensinnigen Performer auf die Bühne und damit die anderen SchauspielerInnen in die Situation bringt, immer antizipieren zu müssen, wie das Tier reagiert, wie es handelt, wie es den Raum begreift.[35]

Solche Arbeiten werfen in erster Linie Fragen auf; Fragen, die auf den politischen Tagesordnungen in der Regel nicht gerade weit oben stehen. Wie jene, die zum Ausgangspunkt für das spielerische Projekt *Animals of Manchester (including HUMANZ)* (2019) der Hamburger Theatermacherin Sibylle Peters wurden: »Was, wenn Tiere die gleichen Rechte hätten, Bürgerrechte hätten; was, wenn wir Menschen das Recht hätten, unsere Tierhaftigkeit einzufordern, wenn keine Spezies besser oder schlechter wäre als die andere?«[36] Unter anderem beeinflusst von Donna Haraway[37] entwarf das dreitägige Projekt die Vision einer Stadt, in der »alle Arten von Tieren, einschließlich Menschen« gemeinsam erprobten, wie Frieden zwischen den Spezies aussehen könnte:*

> Eine heterotopische Zone samt essbarem Einkaufszentrum für Eichhörnchen und Vögel, einem Rathaus mit einer Konferenz der Tiere inklusive einer pensionierten Milchkuh als Bürgermeisterin, Tauben

* Hier schließt die ganz pragmatische, realpolitische Frage nach der ökologischen Nachhaltigkeit künstlerischen Tuns an: Vor allem das Brüsseler Kaaitheater hat mit seinem Burning Ice Festival (2009–2016) eine große Bandbreite künstlerischer Auseinandersetzungen mit solchen Fragen präsentiert und sich auch als Institution intensiv mit ihren Arbeitsabläufen beschäftigt. Zu den konsequentesten KünstlerInnen in diesem Bereich zählt der Choreograf Tino Sehgal, der zwanzig Jahre lang kein Flugzeug bestiegen hat und oft auch den PerformerInnen das Fliegen in Zusammenhang mit seinen Arbeiten untersagt. Unlängst hat sich der Choreograf Jérôme Bel zu einer ähnlichen Haltung verpflichtet: Statt PerformerInnen um die Welt zu schicken, entwickelt er lokale Versionen seiner Arbeiten, die Proben dazu hält er vermehrt via Skype.

> und Mikroben, ein Friedhof im Gedenken an ausgestorbene Arten, eine Universität, in der Hunde und andere Haustiere Menschen unterrichten, ein Käfer-Filminstitut und eine Life Art-Bücherei, die Tieren als KünstlerInnen und PerformerInnen gewidmet ist.[38]

Zitternde Androide, schwitzende Avatare

Doch eine Topfpflanze auf der Bühne begründet noch kein Parlament der Dinge; Hasen als Protagonisten keinen Posthumanismus. Neuer Materialismus, Animismus, künstliche Intelligenz, künstliche Körper, virtuelle Welten, Algorithmen allenthalben – das etwas altmodische, analoge, anthropozentrische Medium des Theaters tut sich schwerer als beispielsweise die bildende Kunst, mit Entwicklungen umzugehen, die den Menschen aus dem Zentrum des Denkens und Fühlens verbannen wollen.

Die Perspektive des Theaters ist keine *aus* der Zukunft, sondern eine *auf* die Zukunft gerichtete. Eine Welt, in der sich die Menschheit in Natur, Technologie oder Daten aufgelöst hat, kann das Theater nicht repräsentieren, nicht darstellen. Aber es kann aus menschlicher Sicht die rasanten Veränderungen reflektieren und Handlungsräume ausloten.

Eine Topfpflanze auf der Bühne begründet noch kein Parlament der Dinge; Hasen als Protagonisten keinen Posthumanismus.

Stefan Kaegis Solo für einen Androiden, *Uncanny Valley* (2018), bringt es auf den Punkt: Während Rimini Protokoll die Darstellung ihrer ProtagonistInnen durch SchauspielerInnen immer verweigert hat, wird nun der Mensch durch einen Roboter ersetzt, der dem Schriftsteller Thomas Melle, um dessen Geschichte es geht, wie aus dem Gesicht geschnitten ist. Einerseits ist diese Maschinenpuppe Melle ähnlicher, als es ein Schauspieler vermutlich je sein könnte, andererseits ist er ihm fremder, seine Künstlichkeit ein permanenter V-Effekt.

Tatsächlich wird im Verlauf des Abends immer unklarer, wer hier eigentlich wen repräsentiert. Denn so sehr der Monolog auch davon handelt, dass das Double dem Original überlegen ist – keine Phobien, keine Krankheiten, keine Sterblichkeit –, behält doch der Mensch die Fäden in der Hand und spielt seine Macht genüsslich aus: Er stellt die Apparatur ab, lässt sie Dinge tun, die sie nicht meistern kann und vor allem legt er ihr jedes Wort in den Mund. Am Ende ist der Android ein optisch attraktiveres Diktiergerät – und doch tiefgreifend unheimlich: wegen seiner Ähnlichkeit mit dem Menschen, aber auch wegen seiner Verschiedenheit. Beunruhigend sind Androiden, Doppelgänger, Gliederpuppen, weil wir uns zu ihnen in Bezug setzen.* Denn nicht nur die Roboter werden uns immer ähnlicher, sondern wir auch den Robotern; Cyborgs in vielerlei Hinsicht bereits jetzt.[39]

Ein ähnliches Spiel unter umgekehrten Vorzeichen inszeniert Susanne Kennedy in *Coming Society* (2019), wenn sie Avatare – unzulänglich – von Menschen darstellen lässt. Ihr Zittern, ihr schneller Atem, ihr Schweiß sind der Verbindungskanal zum Publikum. So wenig wie der Melle-bot tanzen kann, so wenig können sich Kennedys PerformerInnen in einer Weise entkörperlichen, die virtuellen Figuren angemessen wäre.

Während der Mangel an Perfektion des Roboters vielleicht bald schon Schnee von gestern ist, wird der menschliche Makel des Fehlerhaften auch künftig zum Theater gehören, das immer ein Medium der radikalen Gegenwärtigkeit und des Menschlichen, also

* Der japanische Robotiker Masahiro Mori hat den Begriff *»uncanny valley«* (»unheimliches Tal«) geprägt. Es beschreibt die grafische Kurve bei der menschlichen Akzeptanz von Androiden: Erst führt die zunehmende Ähnlichkeit mit Menschen zu einer Zunahme der Vertrautheit – doch ab einem gewissen Grad der Menschenähnlichkeit bricht diese plötzlich ein. Erst wenn der Roboter überhaupt nicht mehr vom Menschen zu unterscheiden ist, steigt sie wieder an. Vielleicht ist es also kein Zufall, dass der Android Data aus der Serie *Star Trek: The Next Generation* (1987–1994) gerne Theater spielt: Für ihn ist dieses Medium die ultimative Hürde zum Menschsein.

des Kompromisses und des Scheiterns ist. Auch wenn Theater seit Jahrhunderten versucht, Aufführungen herzustellen, die Abend für Abend möglichst exakt wiederholbar sind, liegt seine wesentliche Qualität darin, genau das nie zu erreichen. Jede fahrige Handbewegung, jeder Versprecher, jeder Unfall, jede Unterbrechung, aber auch schon jedes Schlucken, jeder heftige Atemzug verweist unmittelbar auf die gemeinsame Gegenwart, auf die gemeinsam verbrachte Zeit von KünstlerInnen und ZuschauerInnen. Und das weit über den Theaterraum hinaus: Ein Fehler im System erzeugt mehr Bewusstsein für die Fragilität allen Lebens als die perfekteste Dramaturgie. Heiner Müllers Feststellung, dass »das Spezifische am Theater [...] eben nicht die Präsenz des lebenden Zuschauers [ist], sondern die Präsenz des potentiell sterbenden«[40], findet eine zeitgenössische Fortsetzung in der Anmerkung des japanischen Roboter-Wissenschaftlers Hiroshi Ishiguro, dass unsere Sterblichkeit der eigentliche Grund dafür ist, warum Roboter uns unheimlich sind: »Sie altern nicht, theoretisch können sie ewig leben«.[41]

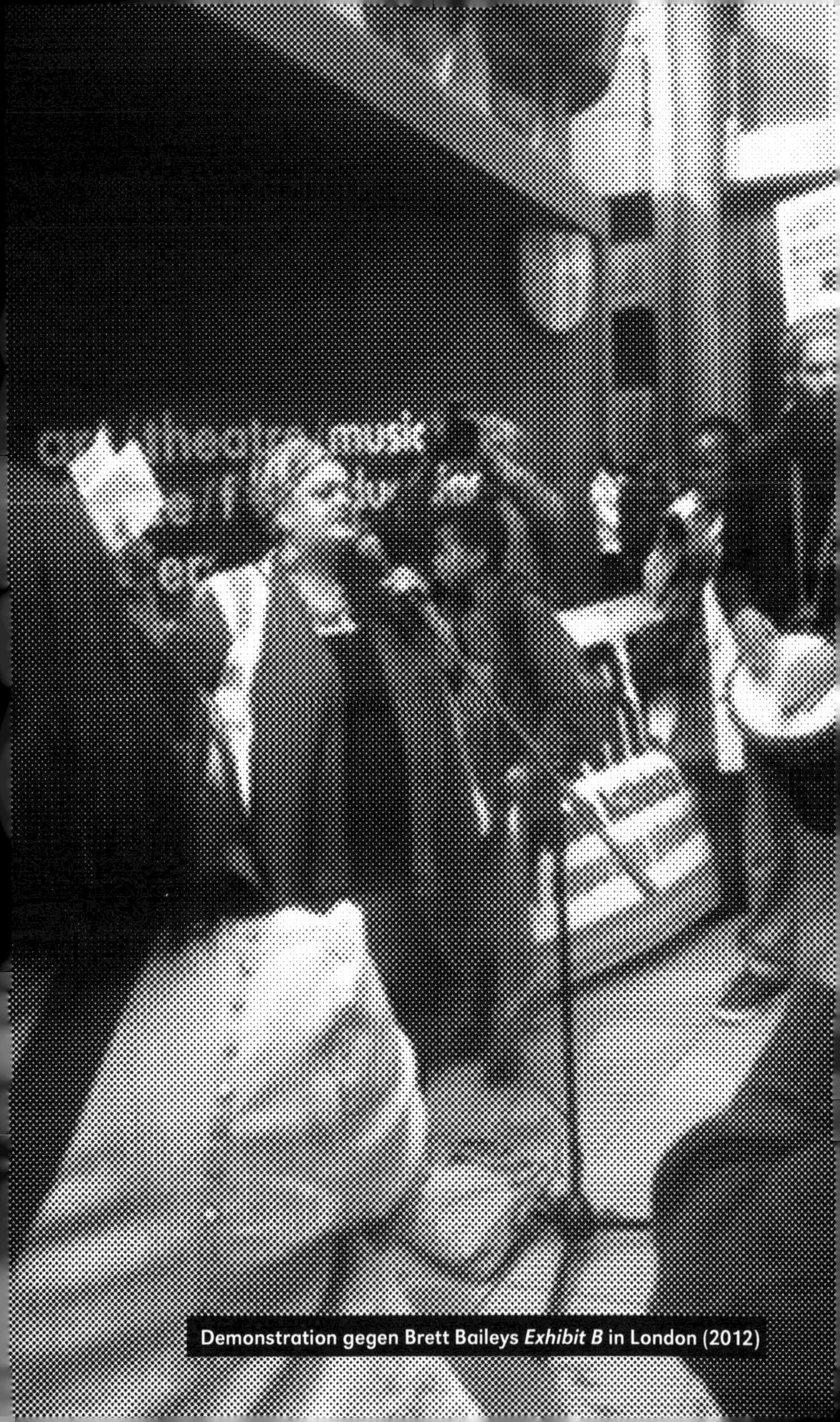

Demonstration gegen Brett Baileys *Exhibit B* in London (2012)

IDENTITÄTSPOLITIKEN

Petitionen, Demonstrationen, Blockaden, Polizeigroßeinsatz, Hubschrauber gar ..., am Ende wurden die Aufführungen von Brett Baileys Performance-Installation *Exhibit B* (2012) mit ihren expliziten Bildanleihen bei Völkerschauen des 19. und frühen 20. Jahrhunderts im September 2014 vom Londoner Barbican Centre abgesagt.[42] Während die Performance zuvor ohne größeres Aufheben in Österreich, Deutschland, aber auch in Großbritannien gezeigt worden war, gab es nun auch an nachfolgenden Tourstationen heftige Auseinandersetzungen. Einerseits ging es um den repräsentationskritischen Appell, Gewalt nicht durch ihre Abbildung zu wiederholen und um die Frage, ob *Exhibit B* nicht lediglich eine upgedatete Form exotisierenden Voyeurismus' bediene. Andererseits – und wohl vor allem – bot die Arbeit einen Anlass, grundsätzlicheren Unmut öffentlich zu machen. Baileys Show – wenig zimperlich in ihrer Bildsprache ausgestellter schwarzer Körper auf Podesten oder hinter Maschendraht – war zu einem Katalysator geworden für eine größere gesellschaftliche Debatte über rassistische Klischees und nicht aufgearbeitetes koloniales Erbe. Die Forderung der DemonstrantInnen: »No more human zoo!« zielte weiter als nur auf diese spezifische Inszenierung einer historischen Zurschaustellung durch einen weißen südafrikanischen Regisseur.*

* Ein ähnliches Konzept verfolgte ungefähr zeitgleich auch der niederländische Künstler Dries Verhoeven mit seiner Arbeit *Ceci n'est pas ...* (2013), deren Schaukästen allerdings im öffentlichen Stadtraum (u. a. in Utrecht, Oslo, Helsinki, Montreal, Weimar, Hamburg und Mülheim/Ruhr) platziert

Während sich der Vorwurf gegen Bailey noch auf die Reproduktion eindeutig diskriminierender Bilder in kritischer Absicht bezog, drehten die Vorwürfe gegen die US-amerikanische Künstlerin Dana Schutz die Schraube der Repräsentationskritik noch weiter. Denn ihr bei der Whitney Biennale 2017 ausgestelltes Gemälde *Open Casket* lässt keinen Zweifel an ihrer Haltung – es ist eine klare Anklage gegen die Täter. In einem offenen Sarg zeigt es den vierzehnjährigen Emmett Till, einen 1955 von Weißen ermordeten Afroamerikaner. Die dem Bild zugrunde liegende Fotografie war ein wichtiges Symbol im Bürgerrechtskampf in den Südstaaten. Ein Foto, von dem Tills Mutter wollte, dass die Welt es sieht: Das haben diese Menschen meinem Sohn angetan![43]

Was sich über Jahrzehnte, Jahrhunderte aufgestaut hat, entlädt sich nicht immer präzise oder wohldosiert.

Gegen das Aufgreifen dieses Motivs durch Dana Schutz regte sich schnell Protest schwarzer KünstlerInnen: Eine weiße Künstlerin habe nicht das Recht, sich dieses Bild anzueignen und davon symbolisch und vielleicht auch finanziell zu profitieren. Die in Berlin lebende Künstlerin Hannah Black forderte in einem offenen Brief nicht nur die Entfernung, sondern gar die Zerstörung der Arbeit.[44]

In Deutschland hat vor allem die Überstreichung des von StudentInnen als sexistisch empfundenen Gedichts *Avenidas* (1954) von Eugen Gomringer an der Fassade der Berliner Alice-Salomon-Hochschule 2017 für große Aufregung in den Feuilletons gesorgt.[45] Aber auch weniger schlagzeilenträchtige Diskussionsabbrüche, schnelle Eskalationen in Facebook-Kommentarspalten, hier und da abge-

---

waren, um so unvorhergesehene Begegnungen zu provozieren: Über zehn Tage hinweg wurden jeweils andere Menschen ausgestellt, deren Präsenz an gesellschaftlichen Tabus rührt: u. a. ein Transsexueller, eine kleinwüchsige Prostituierte, eine nackte alte Frau, ein betender Muslim, ein schwarzer Mann mit Lendenschurz und Kette um den Fußknöchel, ein fast nackter Mann mit einem fast nackten Mädchen auf dem Schoß. Auch diese Arbeit provozierte zahlreiche Proteste.

sagte Vorstellungen und Vorlesungen zeigen: Das Diskursklima ist auch in Kunst und Theater rauer geworden und bringt einige Verunsicherung mit sich.*

Dabei ist die Vehemenz, mit der im Umfeld von Black Lives Matter, #metoo und anderen analogen wie virtuellen Bewegungen alltägliche Diskriminierung, Belästigung, physische, psychische und symbolische Gewalt diskutiert wird, nicht wirklich überraschend: Was sich über Jahrzehnte, Jahrhunderte aufgestaut hat, entlädt sich nicht immer präzise oder wohldosiert. Das Vertrösten darauf, dass sich alle Nebenwidersprüche (wie Rassismus, mangelnde Gleichberechtigung von Frauen oder Umweltverschmutzung) schon von allein auflösen würden, wäre erst einmal der Hauptwiderspruch (zwischen Arbeit und Kapital) beseitigt, war allzu lang Teil linker Argumentationsfolklore.

Begriffsunterwanderungen und Kleinstgruppenlobbies

Zugespitzt werden solche Fragen um die Repräsentation von Benachteiligten und Minderheiten durch Konzepte und politische Agenden, die bei aller Unterschiedlichkeit unter dem Begriff »Iden-

---

* Allerdings sollte nicht vergessen werden, dass Kunstverhinderung meist wesentlich wirksamer von der anderen Seite stattfindet, häufig mit dem Argument der religiösen Beleidigung. Vom Staat geschlossene Kunstausstellungen in Moskau (z. B. *Vorsicht, Religion* [2003] und *Verbotene Kunst* [2006]) gehören da ebenso ins Bild wie Demonstrationen und Blockaden von Inszenierungen wie *Golgata Picnic* (2011) des argentinischen Regisseurs Rodrigo García in Frankreich und Polen, wo es 2014 aus Angst vor Übergriffen vom Spielplan des Malta Festivals genommen wurde. Auch Romeo Castelluccis pathetisches Leidensdrama *On the Concept of the Face, Regarding the Son of God* (2010) sorgte vor allem in Frankreich für zahlreiche Kundgebungen und Vorstellungsunterbrechungen. Oliver Frljićs *Ungöttliche Komödie* nach Zygmunt Krasiński schaffte es 2013 am Krakauer Narodowy Stary Teatr nach Protesten eines Teils der SchauspielerInnen nicht mal bis zur Premiere.

titätspolitik« zusammengefasst werden können. *Identity politics* bezeichnet ein letztlich mehr praxis- als theoriebezogenes Modell, das ursprünglich in den 1970er-Jahren von Frauen *of colour* in den USA geprägt wurde – als Kritik an einem von weißen Männern dominierten Klassenkampf, an einem westlich-weiß geprägten, nicht zuletzt auch meist heterosexuellen Feminismus. So schreibt das US-amerikanische Combahee River Collective schwarzer, lesbischer Frauen 1977: »Wir glauben, dass die tiefgreifendste und potenziell radikalste Politik direkt aus unserer eigenen Identität kommt.«[46] Denn diese Identität unterscheide sich durch die Überschneidung verschiedener Diskriminierungen signifikant beispielsweise von jener schwarzer heterosexueller oder weißer lesbischer Frauen. Gut zehn Jahre später prägte die Bürgerrechtsanwältin Kimberlé Crenshaw den eigentlich juristischen Begriff *intersectionality*, um zu verdeutlichen, dass das Zusammentreffen verschiedener Diskriminierungserfahrungen – aufgrund von *race*, Klassenzugehörigkeit, Gender oder anderer Eigenschaften – eben etwas anderes sei als nur die Summe der diversen Benachteiligungen.[47]

Diskriminierung findet nicht nur in Form großer, eindeutiger, offensichtlich brutaler, entwürdigender, beleidigender, seelisch oder körperlich verletzender Erlebnisse statt. Vielleicht noch wirkmächtiger, weil kontinuierlicher und schwieriger zu benennen, sind jene zahllosen Mikroaggressionen, die den Alltag vieler Menschen prägen: Kleine Übergriffigkeiten, die nicht selten unbewusst oder gar in guter Absicht geschehen. Auch was nicht verletzend gemeint ist, kann verletzend sein – wie eben die permanente Frage danach, wo jemand mit anderer Hautfarbe »denn herkomme«. Reale und subjektiv empfundene Mikroaggressionen summieren sich oft zu permanenten, alles grundierenden Diskriminierungserfahrungen – die schon bei vermeintlich harmlosen Kinderbüchern beginnen, wie Auseinandersetzungen um Klassiker wie *Pippi Langstrumpf* (wo die Tochter Astrid Lindgrens heute als beleidigend empfundene Begriffe ersetzen ließ)[48] oder *Jim Knopf* (wo der Verlag eine Änderung verweigert) zeigen.[49]

Identitätspolitik ist also sowohl ein Analyse-Werkzeug als auch eine Waffe im Kampf einer diskriminierten Gruppe für ihre spezifischen Interessen – eine in gewisser Weise paradoxe Reaktion darauf, dass die Definition dieser Gruppe ja oft gerade erst durch die Diskriminierung erzeugt wird, durch die Schublade – schwarz, weiblich, schwul etc. –, in die sie gesteckt wird. Es ist der Versuch, eine negative Zuordnung positiv zu wenden und sie für eine schlagkräftige Interessensvertretung brauchbar zu machen, aber auch Stolz und Würde zurückzugewinnen. Die Postkolonialismus-Theoretikerin Gayatri Chakravorty Spivak hat diesen bewussten »Gebrauch eines positivistischen Essentialismus in einem klar sichtbaren politischen Interesse«[50] als »strategischen Essentialismus« bezeichnet.

Strategisch deshalb, weil dieses Konzept zwar pragmatischen Nutzen, zugleich aber grundlegende theoretische Probleme mit sich bringt. Denn als politische Waffe ist Identitätspolitik zweischneidig: Das taktische Mittel, Gruppenidentitäten zu betonen, um so das Gemeinsame vor das Trennende zu stellen, spielt schnell mehr oder minder geschlossenen Identitätskonzepten in die Hände. So strategisch dieser Essentialismus – also das Suggerieren einer Essenz, eines wahren Kerns, einer quasi natürlichen Identität von Personen oder Gruppen – auch sein mag: Das Problem bleibt sein Widerspruch zur Vorstellung von Identität als einer kulturellen, performativen Konstruktion, die nur im Zusammenspiel mit der Umwelt entsteht – als ein Mix aus Narrationen, aus Schnittmengen von Geschichten, die wir erzählen und die andere über uns erzählen. Zudem liegt die Gefahr eines strategischen Essentialismus, wie er im Kampf um Bürgerrechte aber auch im Feminismus sehr einflussreich geworden ist, in seiner Attraktivität auch für rechte IdeologInnen, wenn diese beispielsweise den Kern ihres Deutschseins und die Bewahrung ihrer nationalen oder »rassischen« Essenz propagieren. Spivak selbst hat die Problematik des Begriffs verschiedentlich thematisiert.[51]

Tatsächlich hat die extreme Rechte längst das Konzept der Identitätspolitik für sich entdeckt und sich (im Umgang mit theoretischen Details nicht zimperlich) davon genommen, was auch immer nützlich erschien. Die vor allem in Europa, Nordamerika und Australien verbreitete Identitäre Bewegung (IB), mit Wurzeln unter anderem in der französischen Jugendbewegung *génération identitaire*, kämpft Hand in Hand mit dem US-amerikanischen *alt right movement* für die eigene weiße, westliche und weitgehend männliche Identität gegen vorgebliche Bedrohungen von außen. Die Paranoia reicht bis hin zu den apokalyptischen Bildern eines »weißen Genozids« durch so ziemlich alle – vor allem aber muslimische – nichtweiße Menschen.[52] In der diplomatischeren Variante wird lediglich die linke Forderung nach Vielfalt und Diversität auf rechts gedreht und das vermeintlich bedrohte Recht auf die eigene Identität weißer Kulturen gefordert, wie es beispielsweise auch im Grundsatzprogramm der AfD steht: »[Der Ideologie der Multikulturalität] gegenüber müssen der Staat und die Zivilgesellschaft die deutsche kulturelle Identität als Leitkultur selbstbewusst verteidigen.«[53] Der kamerunische Philosoph Achille Mbembe konstatiert:

> Einst war Identitätspolitik ein Mittel der Emanzipation, etwa in der Frauenbewegung, und ein Mittel der Inklusion, um mehr Menschen zu vereinen. Heute wird sie für das Gegenteil instrumentalisiert: zur Ausgrenzung. Die möglichen Verlierer innerhalb der Gesellschaft werden gegen die äußeren mobilisiert. Und benutzt werden dabei die üblichen Muster wie die Religion und die Rasse. Identitätspolitik ist dadurch eine Bedrohung der Demokratie geworden. Wer die liberale Demokratie zerstören will, muss in Identitätspolitik investieren. Aber die entscheidende Frage unserer Zeit ist ja, was uns mit anderen verbindet, die nicht »Wir« sind. Denn eigentlich sind ja alle von den gleichen Problemen betroffen.[54]

Ins Kreuzfeuer geraten sind identitätspolitische Strategien vermehrt nach der Wahl Donald Trumps zum Präsidenten der USA, als von rechts wie links der Vorwurf aufkam, liberale Großstadteliten und linke AktivistInnen hätten ihre Prioritäten falsch gesetzt, indem sie sich vor allem um »Partikularinteressen« kümmerten und darüber die eigentliche Klientel linker Parteien (die ArbeiterInnenklasse) aus dem Auge verloren und so Trump, Brexit & Co. erst möglich gemacht hätten. Den Ton gab der US-amerikanische Politikwissenschaftler Mark Lilla vor, als er kurz nach Trumps Wahl dem linken Konzept der Diversität ein konservatives der nationalen Einheit entgegensetzte: Man solle doch eher die Gemeinsamkeiten des amerikanischen Volkes als seine Gegensätze unterstreichen.[55] Während es seine eigene Ironie hat, wenn Rechtsliberale wie Lilla oder auch der *Ende der Geschichte*-Historiker Francis Fukuyama die Schuld an der Trump-Wahl vor allem bei ihren politischen GegnerInnen abladen: Auch Linke wie der slowenische Philosoph Slavoj Žižek haben Identitätspolitik als Hauptgrund für die Wahlniederlagen des progressiven Lagers ausgemacht.[56] Dem lässt sich viel entgegnen – beispielsweise, dass es vielleicht doch eher der jahrelange Flirt linker Parteien mit dem Neoliberalismus war, der die eigene Klientel verprellt hat, als die Forderung nach gleichen Rechten für alle. Auch wenn der weltweite Erfolg der Rechten in klassischen ArbeiterInnen- und Kleinangestelltenmilieus die progressive Linke ins Mark trifft, kann es kaum die Lösung sein, verschiedene prekäre Gruppen gegeneinander auszuspielen, wie der französische Soziologe Didier Eribon (dessen einflussreiches Buch *Rückkehr nach Reims* diese Debatte im deutschsprachigen Raum und nicht zuletzt auch im Theater befeuert hat) klarstellt:

> [Man darf] die sozialen Fragen, das heißt die Arbeiterklasse und die Probleme der Unterschicht im Allgemeinen, den Fragen des Feminismus, der Minderheitenrechte, des Umweltschutzes nicht entgegensetzen […]. Denn alles ist auf vielfältige Weise miteinander verbunden. […] Zu bestimmten Zeiten stehen bestimmte politische Ziele im Vordergrund. Aber das heißt nicht, dass alle anderen poli-

> tischen Kämpfe plötzlich unwichtig oder illegitim sind. Es hängen zwar alle Konfliktfelder zusammen, sie überschneiden sich, aber sie decken sich nicht.[57]

Und so bleibt es ein Spagat: unterschiedlichste Benachteiligungen zu erkennen, anzuerkennen und zu bekämpfen – und zugleich Spaltungen zu überbrücken in einer Zeit, in der größere Allianzen progressiver Gruppen dringend nötig sind, um sich der immer realer werdenden Bedrohung von rechts entgegenzustellen. Auch wenn zuweilen fundamentalistische Formen von Identitätspolitik oder persönliche Instrumentalisierungen traumatherapeutischer Trigger-Konzepte den Blick auf die reale politische Situation vernebeln, weil sie sich im Symbolischen oder Privaten erschöpfen: Die Forderung nach Gerechtigkeit und – etwas altmodisch – Solidarität ist kein Partikularinteresse.

Ein Theater, das sich selbst als politisch begreift, muss ein Bewusstsein für seine Wirkungen – auch seine Nebenwirkungen – haben.

Ein Theater, das sich selbst als politisch begreift, muss ein Bewusstsein für seine Wirkungen – auch seine Nebenwirkungen – haben. Das bedeutet zunächst einmal ganz simpel: zu versuchen, niemanden auszuschließen, zu benachteiligen, zu beleidigen und das Leiden anderer nicht durch bestimmte Formen der Darstellung zu verniedlichen.

Was einfach klingt, geht allerdings durchaus an die Substanz. Das Anerkennen eigener Verstrickungen in tiefliegende rassistische oder sexistische Strukturen kann schmerzlich sein und das eigene Selbstverständnis auf vielerlei Weisen verunsichern. Das fängt mit vermeintlich unschuldigen Kindheitserlebnissen an – welche Geschichten, welche Kostüme, welche Spiele hat man geliebt? – und endet noch lange nicht mit der Frage, welche Traditionen, Kunsterlebnisse und Rituale man als Erwachsener nicht missen möchte. Was – beispielsweise – vom weißen, vom männlichen, vom heterosexuellen

Blick geprägt und normiert wurde, das lässt sich nicht eben mal schnell aufdröseln, sondern ist mit einem mühevollen, mal nervigen, mal schmerzlichen Prozess verbunden. Denn der Schlachtruf »*Check your privileges*« betrifft zwar durchaus jeden Einzelnen, jede Einzelne, verweist aber vor allem auf darunterliegende organisatorische, ästhetische und historische Systeme.* Der Umgang mit solch tief verankerten Strukturen, Metaphern, Narrationen ist schwierig, er fordert ein permanentes Nachverhandeln darüber, was nicht mehr gesagt oder getan werden sollte und welche Meinungen ausgehalten werden müssen, auch wenn sie einem zuwider sind.

Dabei geht es weniger darum, einige konkrete Kunstwerke (und einige konkrete KünstlerInnen) mal mehr, mal weniger gerechtfertigt ins Visier zu nehmen. Es geht um ein Ringen mit kulturellen Hegemonien. Darum, erst die Sichtweisen und dann die Strukturen zu verändern – und das möglichst dauerhaft.

Privilegien und Sprechverbote

Deshalb also gibt es nun permanent Konflikte – um verletzende Ausdrucksweisen, die doch gar nicht böse gemeint waren, um fehlende Quoten, um Bilder, die nicht mehr gezeigt werden sollen, um Zuvielreden oder um Zuwenigsagen. Es ist ein Handeln, das davon ausgeht, dass es nur ein begrenztes Zeitfenster des öffentlichen Inte-

* Dass beispielsweise in den Kellern der großen Museen durchaus nicht wenige von Frauen gemalte Bilder lagern, haben die Kunstaktivistinnen der legendären US-amerikanischen Guerilla Girls mit einer Plakataktion bei der Venedig Biennale 2005 auf den Punkt gebracht: »Where are the women artists of Venice? Underneath the men.« (»Wo sind die Künstlerinnen von Venedig? Unter den Männern.«) Wenn am Berliner Maxim Gorki Theater vor allem Menschen mit Migrationshintergrund oder am Schauspiel Karlsruhe für eine Weile nur Frauen inszenieren, dann ist das nicht zuletzt eine Strategie der Gegenkanonisierung.

resses gibt. Ein Zeitfenster, in dem die Paradigmen so weit verändert werden müssen, dass der zu erwartende Rollback nicht alles wieder zurückschiebt. Dass dabei nicht selten übers Ziel hinausgeschossen wird, liegt auch daran, dass Gegenwind schon einkalkuliert ist.

Tatsächlich trägt diese Vorgehensweise durchaus Früchte – beispielsweise bei den Auseinandersetzungen um Spielpläne und Ensemblezusammensetzungen in Stadttheatern, als auch um Formen des Umgangs und der Zusammenarbeit im künstlerischen Umfeld. Doch die politische Strategie des Hobelns, bei dem auch manchem Zaungast die Späne um die Ohren fliegen, hat ihre Schattenseiten. Die Erkenntnis, dass Schweigen durchaus politisch sein kann, ist lehrreich, wenn es darum geht, ungehörte Geschichten überhaupt erst einmal zur Kenntnis zu nehmen. Das Klappehalten aus Feig- oder Faulheit hingegen ist weit weniger produktiv – zumal, wenn sich der Unmut hinter vorgehaltener Hand umso heftiger Luft verschafft.

Auch bei der Programmgestaltung von Theatern und Festivals liegt zwischen Selbstbeschränkung und Selbstzensur manchmal nur ein schmaler Grat: Was lässt man aus Einsicht weg, was, weil die Diskussion darum einfach nur zu viel Arbeit machen würde? Wo nicht aus Einsicht, sondern aus Furcht vor Sanktionen oder im Gegenteil aus Mitleid geschwiegen wird, ist kein tatsächlicher politischer Sieg errungen. *Emotional blackmailing* verhindert selbstständiges, politisches, systemisches Denken. Wo sich Attitüden verselbstständigen und Opferhaltungen zum rhetorischen Trick werden, wird wirkliches Verstehen, Einsehen, Lernen, Teilhaben eher verhindert.

Das gilt umso mehr, als manche der härtesten Auseinandersetzungen gerade unter jenen ausgefochten werden, deren Ansichten aus ein paar Metern Entfernung kaum noch unterscheidbar sind. Das Kehren vor der eigenen Haustür ist wichtig, zumal sich Theater und Kunst – die ja gern mit utopischen Entwürfen handeln – in besonderem Maße an ihren eigenen Ansprüchen messen lassen müssen. Nur sollte man beim Kampf in der eigenen *bubble* die Welt drumherum nicht vergessen, wie Achille Mbembe sagt:

Auffällig in dieser Hinsicht ist die offensichtliche Verschiebung von einer Politik der Vernunft hin zu einer Politik der Erfahrung oder gar des Bauchgefühls. In den Augen vieler ist die persönliche Erfahrung zu einer neuen Art des In-der-Welt-Seins geworden. Sie ist wie eine Blase, die den Schaum von sich fernhält. Die Erfahrung übertrumpft heute die Vernunft. Wir sollen glauben, Empfindlichkeiten, Gefühle, Affekte, Stimmungen und Gemütslagen seien der eigentliche Stoff des Subjektseins und also radikaler Handlungsmacht. Paradoxerweise stimmt das im paranoiden Tenor unserer Zeit gut mit den herrschenden Beschränkungen des neoliberalen Individualismus zusammen. Auch liegt es auf einer Linie mit den im Gang befindlichen Neukonfigurationen des Verhältnisses zwischen Technologie, Vernunft und anderen menschlichen Fähigkeiten.

Wie dem auch sei, das hat zu mehrdeutigen Formen kollektiver Mobilisierung geführt, von denen wir die meisten nicht romantisieren sollten. Hinter der Maske der Radikalität steckt im politischen Diskurs der Dekolonisierung etwas zutiefst Ambivalentes, etwa wenn die Dekolonisierungsaufforderung mit einer hohen Xenophobietoleranz einhergeht oder dem Wunsch, etwas zu kontrollieren und zu verteidigen, das auf umgekehrte Rassengrenzen hinausläuft. Es hat etwas fundamental Lähmendes, wenn die Politik subalternen Widerstands auf eine endlose Vorführung von Reinheit und Selbstgerechtigkeit beschränkt wird – oder auf einen Wettstreit darüber, wer das größte Leid in der Viktimisierungsspirale erlitten hat. [...]

Das Politische lässt sich nicht auf die akribische Verwaltung emotionaler Safe Spaces und miteinander geteilter Atmosphären reduzieren. Radikale Handlungsmacht bedeutet nicht, Grenzen zu teilen; sie bedeutet Entgrenzung. Es ist schlichtweg nicht wahr, dass ich nichts über den Schmerz des oder der anderen weiß und gefälligst den Mund halten sollte, solange ich nicht genau die gleiche Erfahrung gemacht habe. Insofern Menschsein heißt, offen zu sein für die immer schon vorhandene Möglichkeit, anders (ein anderer) zu werden, ist eine solche Selbst- und Identitätskonzeption per definitionem antihuman. Das Politische muss in unserer Zeit vom Imperativ ausgehen, die Welt gemeinsam zu rekonstruieren. Wenn Dekolonisierung im planetaren Maßstab überhaupt greifen soll, kann sie nicht von der Annahme ausgehen, dass ich reiner bin als mein(e) Nachbar(in).[58]

Beleidigte Beleidiger

Dem gegenüber steht ein – oft passiv-aggressives – »Das wird man doch noch sagen dürfen«-Selbstmitleid, obwohl derzeit all das, was man angeblich nicht mehr sagen darf, so oft und so öffentlich gesagt wird, wie schon lange nicht mehr. Neben klaren politischen Anliegen ist vor allem Larmoyanz spürbar, ein Grundbeleidigtsein darüber, dass die Welt sich ändert. Aus der sogenannten Mitte der Gesellschaft wird auf ein vermeintlich künstlerisches Recht gepocht, andere vor den Kopf zu stoßen – und gleichzeitig darauf bestanden, dass diese ja gar keinen Grund hätten, beleidigt zu sein, schließlich habe man ja schon immer weiße Schauspieler schwarz angemalt und das N-Wort früher eine ganz andere Bedeutung gehabt. Und weil man ja eigentlich weiß, dass auch in der Kunst das Beleidigen der Mächtigen höher im Kurs steht als die Verunglimpfung ohnehin Benachteiligter, stilisiert man sich selbst als eigentliches Opfer. Im Eifer des Gefechts wird dabei geflissentlich die Ironie übersehen, wenn oft gerade jene, die sonst gern die poetische Kraft der Sprache beschwören, nun jede gesellschaftliche Wirkmacht von Begriffen, Untertönen und metaphorischen Konnotationen als reine Schimäre einer politisch korrekten Sprachpolizei abtun.

»Worte können sein wie winzige Arsendosen: sie werden unbemerkt verschluckt, sie scheinen keine Wirkung zu tun, und nach einiger Zeit ist die Giftwirkung doch da«[59], schrieb der Philologe Victor Klemperer über die Sprache des Nationalsozialismus. Rechte Parteien verändern derzeit wieder den politischen Diskurs nicht zuletzt dadurch, dass sie das verschieben, was wie gesagt wird, was wie gesagt werden darf. Gerade Kunstformen, die mit Worten und Bildern hantieren, dürfen ihnen nicht durch achtloses Reden in die Hände spielen. Sprache ist performativ – sie spiegelt Herrschaftsverhältnisse nicht nur, ist nicht nur ihre Bühne. Sie erzeugt sie immer wieder aufs Neue.

Und, wenn man ehrlich ist: So wenig Bildersturm wie heute war wohl selten in einem Kulturkampf. Was besonders deutlich wird, wenn man bedenkt, dass manche, die nun am lautesten über den vermeintlichen Tugendterror jammern, in ihrer Jugend mit der Mao-Bibel in der Faust mit einer Kulturrevolution ganz anderer Brutalität kokettiert haben.

Gerade das Theater war immer eine streitbare Kunst, die vor allem im vergangenen Jahrhundert kaum einen möglichen Konflikt links liegen ließ. Ob FuturistInnen, KommunistInnen, SituationistInnen – die Frontalangriffe unter KünstlerInnen waren nicht selten weit harscher als all das, was sich derzeit abspielt. Statt Aufregung auf Aufregung folgen zu lassen, wäre also Durchatmen oft die bessere Strategie.

Ein Schritt Abstand vom eigenen Gekränktsein kann helfen, nicht alles nur aus dem Augenblick unmittelbarer Gegenwart zu verstehen.

Dazu kommt: Ein Schritt Abstand vom eigenen Gekränktsein kann helfen, nicht alles nur aus dem Augenblick unmittelbarer Gegenwart zu verstehen. Gerade wird viel verhandelt, bekämpft, erkämpft. Doch auch nach '68 ist der Maoismus nicht zur Staatsreligion geworden und die freie Liebe nicht zur neuen Ehe. Politische Kämpfe sind Positionierungen, strategische, aber auch emotionale Überspitzungen. Das altherrencharmante Gedicht an einer Hochschule zu überstreichen, ist vielleicht unnötig. Aber es ist weder der Versuch einer Vernichtung (schließlich war die Wandinschrift ja kein Kunstwerk, sondern die Abschrift eines Kunstwerks), noch Zensur. Im Gegenteil: Es hat das Gedicht in einer Weise verbreitet, die sonst nicht denkbar gewesen wäre – bis hin zur LED-Projektion ausgerechnet an der Fassade des Axel-Springer-Hauses in Berlin.

Stolpern und Stottern

Dabei ist die komplexe Gemengelage eigentlich eine ideale Voraussetzung für eine Kunst, deren Aufgabe es nicht ist, alles einfacher zu machen, sondern neue Horizonte zu eröffnen, andere Lebens- und Sichtweisen mit den eigenen zu konfrontieren, eigene Verstrickungen in die politischen Dilemmas unserer Zeit aufzudecken. Die Auseinandersetzung um Bilder und Worte, die gerade stattfindet, ist Ausdruck eines Lernprozesses auf allen Seiten. Viel *trial and error*; es ist schwierig vorauszusehen, wohin der Weg – der Welt, des Westens, der Politik, der Kunst – führt. Was vor wenigen Jahren noch möglich war, fliegt uns heute um die Ohren. Doch Angst, Schmollen oder Nostalgie sind keine guten Ausgangspunkte, um Kunst zu machen oder zu rezipieren. Besser sind Neugierde, Empathie und Mut.

Das Zuschauen, Anschauen, Lesen zu verkomplizieren, ist eine ästhetische Strategie aus dem künstlerischen Grundbaukasten. Hürden einbauen, Stolpersteine, Irritationen, die den Fluss unterbrechen, eine andere Wirklichkeit eindringen lassen. »Viel ist vom Fehler Stottern, vom Makel des Stotterns und dessen Einschränkungen [. . .] die Rede, gut, kaum aber von den Vorteilen, von dem Geschenk des Stotterns, von der veränderten Wahrnehmung, von der intuitiven Stärke der Beobachtung, des Fühlens, der eigenen und der Person gegenüber [...]«,[60] notierte der Regisseur und Autor Einar Schleef – und meinte damit mehr als seine eigene Art des Sprechens: Ein geistiger *double take*, ein Innehalten beim Lesen, beim Zuhören, beim Zuschauen, beim Betrachten. Das Aktivieren eigenen Denkens. Und ein Sichtbarmachen von Brüchen, von *gaps*.

Das Stolpern über Binnen-Is und Gendersternchen, englischsprachige Begriffe wie *of colour* oder *race*, die Unterbrechung des Rhythmus', passt da gut ins Bild – gerade die Tatsache, dass solche Eingriffe unpraktisch sind, weit davon entfernt, eine perfekte Lösung zu sein, gibt ihnen eine politische, aber auch poetische Macht.

Es ist ein Stolpern, das von außen gefordert wird, durch das die Umwelt auch in künstlerische Prozesse eindringt. Es manifestiert die Unmöglichkeit von Autonomie.

Das komplizierter werdende Sprechen steht stellvertretend für all die gegenwärtigen Arenen des Kampfes um Repräsentation und Partizipation. Unästhetisch ist es nur dann, wenn man Ästhetik mit glatter Schönheit verwechselt. Vielleicht werden diese Interventionen eines Tages wieder verschwinden – vielleicht aber werden wir sie, wie vieles, was ursprünglich ein künstlerischer Stolperstein war, auch einfach nur nicht mehr bemerken.

Im zuvor beschriebenen Fall des Bildes vom offenen Sarg des ermordeten schwarzen Jungen Emmett Till gab es übrigens eine Form des Protestes, die nachhaltiger und künstlerisch raffinierter war, als die Forderung nach der Zerstörung der Arbeit: Der afroamerikanische Künstler Parker Bright wählte einen performativen Akt der Irritation, um seine Kritik an Dana Schutz' Gemälde zum Ausdruck zu bringen: Mit dem Rücken zum Publikum stellte er sich vor das Bild, auf seinem T-Shirt die Aufschrift: »Black Death Spectacle«. Das Bild blieb unversehrt, die Sicht wurde irritiert, man kann es sich künftig kaum ohne diesen Kommentar vorstellen. Beide Sichtweisen existierten weiter – aber nicht getrennt voneinander.

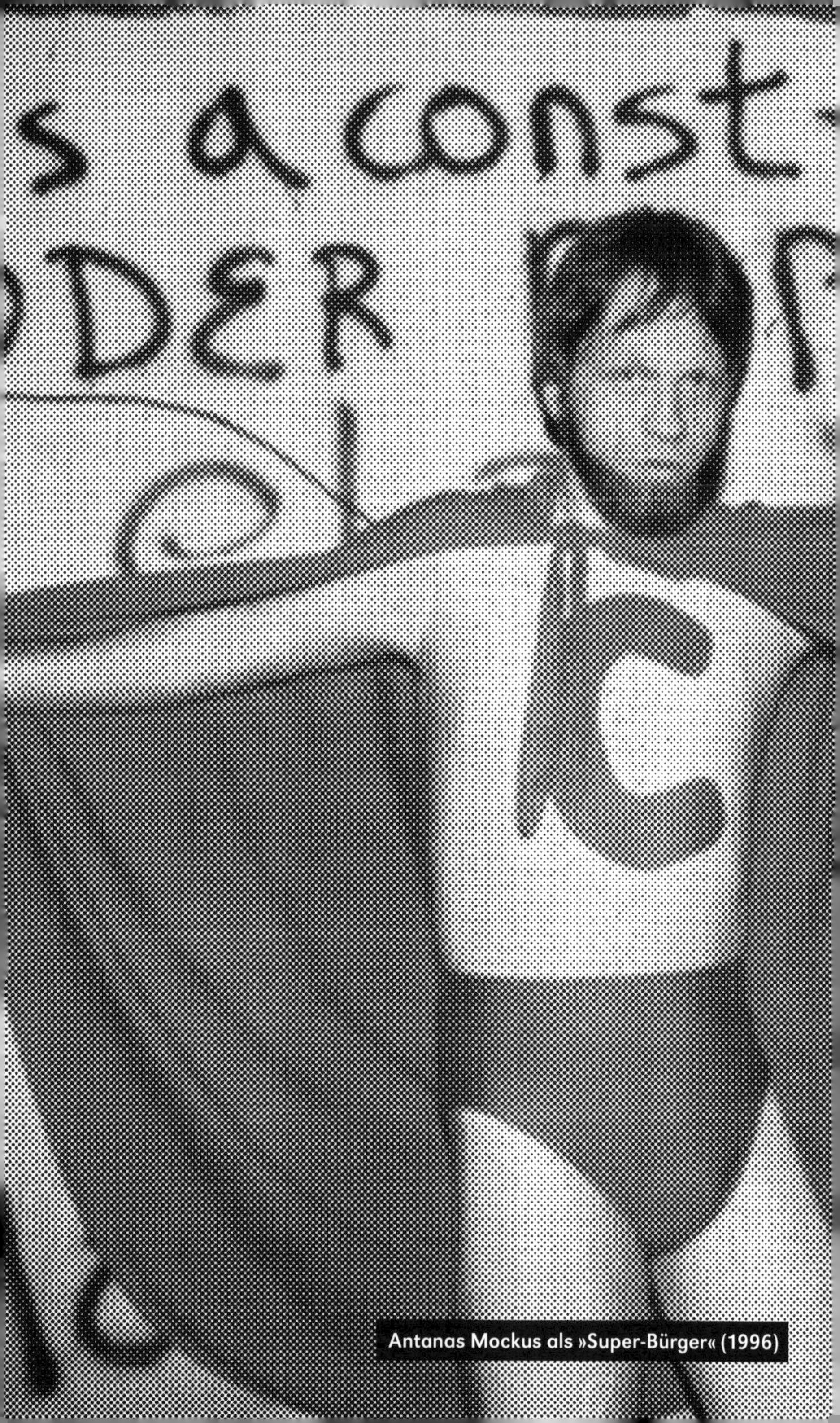

Antanas Mockus als »Super-Bürger« (1996)

PARTIZIPATION

Als Antanas Mockus 1995 Bürgermeister von Bogotá wurde, galt die Stadt als eine der gefährlichsten der Welt, zermürbt von Drogen, Verbrechen, Korruption und Machismo. Mockus – Philosoph, Mathematiker und in vielerlei Hinsicht das Gegenteil eines professionellen Politikers – hatte seinen Wahlkampf ohne Parteienunterstützung und buchstäblich ohne Budget geführt, immer im festen Glauben daran, dass Menschen von der Möglichkeit einer anderen Welt überzeugt werden könnten. Als Bürgermeister sah er es dann als seine wichtigste Aufgabe, andere zu ermutigen, ihr Leben mit Selbstvertrauen in die Hand zu nehmen und zugleich das Verantwortungsgefühl für die Gesellschaft, deren Teil sie sind, zu stärken. Er erfand das Konzept der *cultura ciudadana* (Bürgerkultur): eine Art ziviler Selbsterziehung, basierend auf Spiel, symbolischen Akten und inszenierten Situationen.

Vor allem aber folgte Mockus, wie er der Kuratorin Joanna Warsza sagte, seinem Motto »Wenn ich in der Falle sitze, verhalte ich mich wie ein Künstler«.[61] Strategien der zeitgenössischen Kunst anzuwenden hieß für ihn, Alltagssituationen zu dekontextualisieren, sie anders zu rahmen, sie verstehbar zu machen. Zugleich gaben sie ihm ein Gefühl innerer Freiheit, die Fähigkeit, Dinge in ihrer Komplexität aus der Distanz zu sehen und so Veränderungen zu ermöglichen. Diese Herangehensweise nannte Mockus *subart*: Eine bescheidene Kunst, die nicht auf Prestige aus und kein Selbstzweck war, sondern eine Möglichkeit, sich aus der Hochkultur zu nehmen, was immer nützlich und in direktes politisches Handeln umsetzbar ist.[62]

Seine Maßnahmen als Bürgermeister sind heute legendär. Er tauschte Waffen gegen Spielzeug (überzeugt davon, dass Kinder ihre Eltern unter ausreichend Druck setzen könnten, ihre Gewehre und Pistolen abzugeben), er ließ sich im »Super-Bürger«-Kostüm fotografieren, um sich über seine eigene vermeintliche Macht zu mokieren und zugleich zu zeigen, dass in einer Demokratie grundsätzlich jeder die Legitimität erlangen kann, zu regieren. Er schnitt ein herzförmiges Loch in seine kugelsichere Weste, demonstrierte damit seinen Glauben an Gewaltfreiheit – und riskierte real sein Leben. In den heruntergekommensten Teilen der Stadt gründete er Bibliotheken, in denen man ohne Ausweis Bücher auf Vertrauensbasis ausleihen konnte. Er organisierte Performances an offenen Gräbern, um über Gewalt und Mord zu sprechen. Er feuerte korrupte Verkehrspolizisten und ersetzte sie durch über 400 Pantomimen, wissend, dass für KolumbianerInnen lächerlich gemacht zu werden abschreckender war als jedes Bußgeld.[63]

Und: Er war unfassbar erfolgreich. Innerhalb von drei Jahren sank die Verkehrstotenrate um mehr als fünfzig, die Zahl der Tötungsdelikte um über siebzig Prozent. In Umfragen bewerteten die EinwohnerInnen von Bogotá ihre Stadt plötzlich mit großer Mehrheit als lebenswert – und 63 000 BürgerInnen zahlten freiwillig um zehn Prozent höhere Steuern.[64]

Pantomime, ausgeschnittene Herzen, Performances auf Friedhöfen, das klingt – beruft man sich auf ästhetische Standards wie Komplexität und Ambivalenz – zunächst nicht nach besonders gutem Theater. Aber: Wann hat Kunst sonst je eine solche Wirkung? Mockus' *subart* popularisierte Strategien aus Theater, Performance und konzeptueller Kunst, um die BürgerInnen von Bogotá zu eigenem Engagement zu bewegen. Für ihn bedeutete Partizipation nicht nur Macht, sondern auch Verantwortung zu teilen. Seine Politik – und seine Kunst – waren ein Gegenentwurf zum permanenten Zwang zur Partizipation in einem *all-inclusive*-Kapitalismus, der – entgegen Marx' Vorhersage – bislang noch immer bestens in der Lage war, seine inneren Widersprüche durch Affirmation aufzulösen. Mockus wollte sich nicht mit einem postpolitischen Zustand abfinden, in dem Beteiligung zu einem reinen Beruhigungsmittel wird, das als perfide Nebenwirkung die Verantwortung für das, was passiert, auf BürgerInnen abwälzt, die den Ausgang des Geschehens gar nicht beeinflussen können. Wo seltene Abstimmungen, minimale soziale Absicherung, ein paar Maßnahmen gegen Klimawandel und gegen Menschenrechtsverletzungen und einige kulturelle Verzierungen unser Gewissen beruhigen.

Analog zu einer solchen politischen Gemengelage offeriert auch sogenanntes Mitmachtheater oft lediglich Placebo-Beteiligung, indem es dem Publikum nur vermeintliche, tatsächlich aber längst vorbestimmte Entscheidungen erlaubt und es zwingt, bei diesem durchschaubaren Betrug auch noch mitzumachen. Das Problem ist weniger, zur Beteiligung gezwungen zu werden, als zu einer nur *vorgetäuschten* Beteiligung gezwungen zu werden. So sind wir in Gesellschaft und Kunst zwar ständig involviert, aber meist nur als KonsumentInnen von Waren und Entertainment in einer Welt voller sogenannter Erlebnisse, die uns davon ablenken, tatsächlich Einfluss zu fordern. Als Aktivität verkleidete Passivität.

Analog zur Politik offeriert auch sogenanntes Mitmachtheater oft lediglich eine Placebo-Beteiligung.

Doch so problematisch der Begriff der Partizipation auch geworden ist bzw. gemacht wurde: Wo Theater politisch sein will, muss es sich mit der Frage nach Teilhabe auseinandersetzen und sich mitten hinein in das skizzierte Dilemma begeben. Es geht nicht nur darum, falsche, vermeintliche, sinnentleerte Partizipation zu vermeiden. Es geht darum, sich die Idee echter Teilhabe zurückzuerobern, ihr wieder Bedeutung zu geben, ihr radikales Potential auszuloten.

Bertolt Brechts »Lehrstücke« sollten bekanntlich vom Publikum – bzw. der ArbeiterInnenklasse – selbst aufgeführt werden und so die Trennung zwischen Parkett und Bühne auflösen, die spätestens existiert, seit das bürgerliche Theater Mitte des 19. Jahrhunderts das Licht im ZuschauerInnenraum ausgeknipst hat. Indem sein dialektisches Theater unterschiedliche Positionen konkreter Auseinandersetzungen sichtbar machte, wollte es dem Publikum erlauben, das System dahinter zu verstehen, anstatt sich wohlfeil mit einer vorgegebenen Auffassung zu identifizieren. Der brasilianische Theatermacher Augusto Boal folgte in seinem *Theater der Unterdrückten* seit den 1970er Jahren dieser Idee nicht nur, sondern übergab die Verantwortung dafür, wie die Performance sich entwickelt, gleich ganz an die »spect-actors« (ZuschauerInnen, die während der Aufführung zu SchauspielerInnen wurden). In verschiedenen Formaten – wie Forumtheater, Unsichtbarem Theater oder Legislativem Theater – wurde so die soziale und politische Lebenswirklichkeit der anwesenden Menschen spielerisch untersucht – mit dem klaren Ziel als »Proben für die Revolution«[65] diese Realität auch zu verändern. Gerade in Afrika und in Teilen Südamerikas gehören Boals Konzepte bis heute, und in den letzten Jahren gar wieder verstärkt, zu den verbreitetsten und wirkmächtigsten Theaterformen. Dass vor allem das Konzept des Forumtheaters (bei dem die ZuschauerInnen sich selbst für eine der Rollen einwechseln oder neue hinzufügen können) inzwischen oft von systemnahen Nichtregierungsorganisationen mit professionellen Truppen und vorgegebenen Fragestellungen veranstaltet wird, zeigt auch dessen Grenzen: Statt für die Revolution zu proben, geht es darum, geräuschlos Probleme zu lösen, die von denen, die das Forumtheater finanzieren oder initiieren, überhaupt erst geschaffen werden.[66]

In gewisser Hinsicht kann man auch die frühen Arbeiten der TheatermacherInnen von She She Pop um das Jahr 2000 herum als postmoderne Lehrstückaneignung lesen: Die großen Erzählungen waren abhandengekommen, die Gesellschaft zersplittert in kleine Interessensgemeinschaften. Was blieb, war das Gefühl, Erkenntnisse nur aus den eigenen Geschichten gewinnen zu können. She She Pop stellten sich selbst und ihre Gäste in den Mittelpunkt, Arbeiten wie *Trust! (Schließlich ist es Ihr Geld)* (1998), *Bad* (2002) oder *Warum tanzt Ihr nicht?* (2004) drehten sich vor allem um Fragen nach Selbstdarstellung, Selbstentblößung und Scham. Wer kam, musste mitmachen. Und das Unbehagen der Beteiligung war dabei immer genauso wichtig, wie die Lust daran:

> Ja, ich denke, wir sind alle da. Der Stuhlkreis hat sich gefüllt, das ist schön zu sehen. Es sind einige neue Gesichter diesmal dabei. Einige sehen noch ein bisschen verunsichert aus. Vielleicht ist das der richtige Moment, dass wir alle – jeder mit sich selbst – einen Pakt schließen, der besagt, dass alles, was heute Abend mit uns passieren wird, in Ordnung ist.[67]

Diese neue Art des theatralischen Pakts ist trügerisch; die Versicherung, dass alles, was passiert, in Ordnung ist, gibt man sich ja nur selbst. Von Seiten der KünstlerInnen kommt keine Garantie: »Die Beziehung zwischen den Performer*innen und dem Publikum ist nicht gleichberechtigt. Der Handlungsspielraum der Zuschauer*innen ist begrenzt. Aber indem er überhaupt vorkommt, wird er für alle erfahrbar und eben nicht geleugnet.«[68]

Auch wenn die Selbstfindungsprobleme der *generation X* um die Jahrhundertwende aus heutiger Sicht zuweilen befremdlich selbstbezüglich um den eigenen Nabel kreisten – ihr Austesten eines neuen Umgangs und eines neuen Umgangstons mit dem Publikum hat die Möglichkeiten des Theaters verschoben. Anders als die ungefähr zeitgleich aufkommende Strömung der *relational aesthetics* in der bildenden Kunst, bei der zwar die Beziehungen zwischen Menschen und der soziale Kontext im Mittelpunkt standen, aber vor allem als freundliches Miteinander zelebriert wurden, ließen KünstlerInnen wie She She Pop bildlich und zuweilen real die Hosen herunter. Das Private wurde öffentlich gemacht, bis zur Schmerz- und Peinlichkeitsgrenze.

She She Pops oft buchstäbliche Gesellschaftsspiel-Dramaturgie von Performances, die »eher *games* als *plays* waren«,[69] zeigt, wie zentral die Frage nach den künstlerischen und sozialen Regeln für alle Formen partizipativer Kunst ist. Wie die Kuratorin Nora Sternfeld in anderem Kontext schreibt: »Was also auf dem Spiel steht, sind die Spielregeln selbst.«[70]

Sehr konsequent macht dies das Projekt *Building Conversation* (seit 2014) der niederländischen Theatermacherin Lotte van den Berg sichtbar. Auf den Schultern von Brecht und Boal reduziert sie Theater auf das, was sie als seinen Wesenskern sieht: einen Ort des Zusammentreffens und der Kommunikation, an dem Konflikte aufgezeigt und erfahren werden können. Eine Vereinbarung zum Austausch nach bestimmten Spielregeln, die sich je nach Anlass unterscheiden können.

Und tatsächlich ist *Building Conversation* genau das: Miteinander reden. Nachdem man am Theater seine Karte vorgezeigt hat, geht es mit den anderen BesucherInnen an einen Ort in der Stadt; in eine Wohnung, ein Atelier, einen leeren Raum … Jemand erklärt die Spielregeln; bei manchen Gesprächen einigt man sich vorher über die Dauer des Abends oder auf ein Thema. Und dann ist man alleine mit einer Verpflichtung, der man sich schwer entziehen kann. Eine so kleine Gruppe zu verlassen, sich zu verweigern, ist schwierig. Ob man will oder nicht: Man teilt die Verantwortung für den Abend, für sein Gelingen, für sein Scheitern – was man auch immer persönlich dafür halten mag.

Inspiriert von Gesprächstechniken aus aller Welt wurden Modelle und Rahmungen für Dialoge entwickelt, bei denen es keine SchauspielerInnen, kein Publikum gibt: nur die Einladung, beispielsweise an einer von Inuit-Versammlungen inspirierten Konversation ohne Worte teilzunehmen oder an einem von Jesuiten entwickelten Wechsel zwischen Reflexion, Rückzug und Dialog. Ein anderes Gespräch verzichtet völlig auf Moderation, Thema oder Ziel – eine Methode, die vom Quantenphysiker David Bohm entwickelt wurde, um Muster kollektiven Denkens auszuloten. *Building Conversation* bezieht sich direkt auf Chantal Mouffes Konzept des agonistischen Pluralismus; eines der Gespräche ist ihrem Ansatz gewidmet.

Was diese Unterhaltungen zu Theater macht, ist nichts anderes als die Verabredung, sie als Theater zu verstehen. Eine Verabredung, die uns ermöglicht, engagiert zu sein und gleichzeitig analytische Distanz zu wahren. Wer redet wie und was, wer schweigt, wer langweilt, wer ist interessant... Manchmal braucht es nicht mehr als ein paar präzise Entscheidungen, Gesten, Regeln, um einen Bereich der Kunst zu markieren und ein weites Spielfeld möglicher Erfahrungen zu öffnen.

Konfrontation und Fürsorge

Die Zunahme von partizipativer und politisch engagierter Kunst seit den 1990er-Jahren wird auch als *social turn* – also als Hinwendung zu sozialen Formen – bezeichnet. Die britische Kunsthistorikerin Claire Bishop, die diesen Begriff mit ihrem einflussreichen Buch *Artificial Hells* geprägt hat, macht zugleich deutlich, dass man richtigerweise besser von einem *re*-turn – einer Rückkehr – sprechen müsste. Denn viele der Ideen und Methoden sind durch das ganze 20. Jahrhundert, vor allem aber in die 1960er- und 70er-Jahre zurückzuverfolgen:

> Der Künstler oder die Künstlerin wird weniger als individuelle/r ProduzentIn eigenständiger Objekte gesehen, denn als KollaborateurIn und ProduzentIn von *Situationen*; das Kunstwerk als fertiges, transportierbares, kommodifizierbares Produkt wird neu begriffen als ein andauerndes oder langfristiges Projekt mit einem unklaren Anfang und Ende; während das Publikum, zuvor als »ZuschauerIn« oder »BetrachterIn« verstanden, nun als Ko-ProduzentIn oder TeilnehmerIn neu positioniert wird.[71]

Dass das sehr an Strategien postdramatischen Theaters erinnert, ist kein Zufall: Bishop, so wenig sie sich konkret für das Theater interessiert, will die Geschichte partizipativer bildender Kunst explizit durch die Brille des Theaters beschreiben und neu denken.[72] Was allerdings zum postdramatischen Postulat hinzukommt, ist ein ethischer Anspruch mitsamt einem eindeutigen politischen Wollen: Die Situationen, von denen hier die Rede ist, sind keine rein oder auch nur primär ästhetischen, sondern soziale. Sie weisen über das Kunstwerk hinaus.

Partizipation in der Kunst kann dazu dienen, Modelle zu untersuchen oder zu entwickeln, mit denen Macht und Verantwortung anders geteilt werden können – und auf diese Weise auch für größere gesellschaftliche Zusammenhänge neue Formen der Teilhabe auszuloten. Es kann aber auch im Gegenteil gerade darum gehen, Partizipation bewusst zu problematisieren, mit dem Missbrauch von Macht zu spielen, um so durch Unbehagen Erkenntnisse zu ermöglichen oder zu erzwingen.

Durchaus eine Gratwanderung, denn die Frage nach der Verantwortung für die, die man beteiligt, wird aus der Perspektive der Kunst anders beantwortet als aus der Sicht von Aktivismus oder Sozialarbeit. Wenn Claire Bishop partizipative Kunst als ein Genre beschreibt, in dem »Menschen das zentrale künstlerische Medium und Material bilden«,[73] dann wird durch den Objektcharakter, den sie den Involvierten zuweist, ziemlich klar, dass dies eher nicht die Art und Weise ist, wie beispielsweise AktivistInnen ihre Praxis umreißen würden.

Kunst jedoch kann auch auf direkte Konfrontation zielen, kann mit Missverständnissen, mit Verführung, Manipulation oder auch mit Druck experimentieren und so einen Kontrapunkt zum freundlichen Konsens vieler politisch gemeinter Kunstwerke setzen. Die Arbeiten des spanischen Künstlers Santiago Sierra beispielsweise sind bekannt für ihre konzeptuelle und minimalistische Klarheit – vor allem aber für die verstörende Konsequenz, mit der Sierra Men-

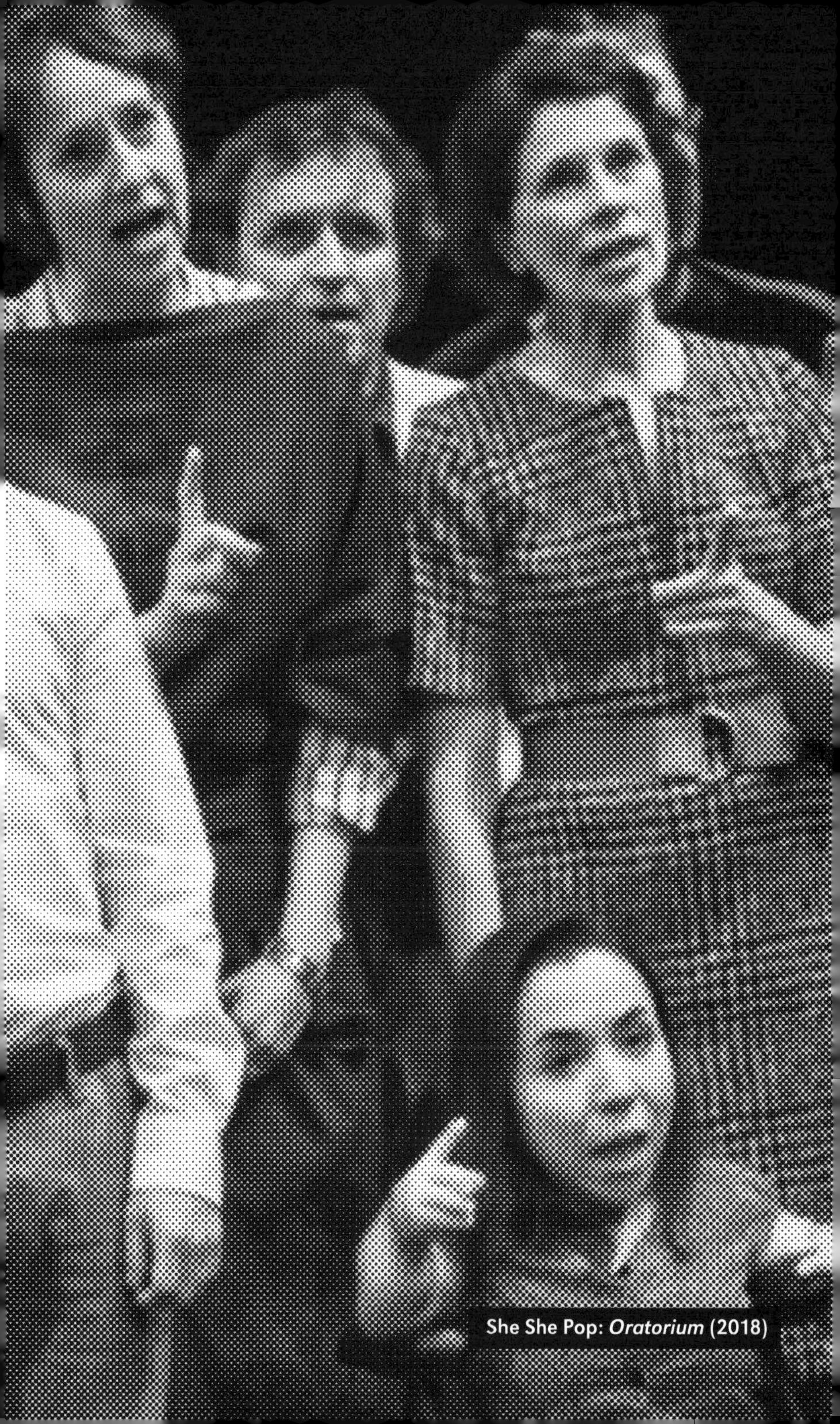

She She Pop: *Oratorium* (2018)

schen als Material benutzt, ihnen Minimallöhne für offensichtlich sinnlose, entwürdigende Tätigkeiten zahlt, wenn er sechs jungen Kubanern vor laufender Kamera eine Linie auf den Rücken tätowieren lässt (*250 cm Line Tattoed on 6 Paid People*, 1999). Ein Jahr später entlohnte er für eine radikalisierte Variante vier drogenabhängige Prostituierte mit Heroin. Indem Sierra Ungerechtigkeiten, finanzielle Abhängigkeit, Machtmissbrauch durch (zumeist westliche) Gesellschaften im Rahmen seiner Werke reproduziert, wiederholt er die verachteten Mechanismen, um sie zu kritisieren.

Der niederländische Künstler Renzo Martens arbeitet mit einer vergleichbaren Strategie: Sein Film *Enjoy Poverty* (2008) zeigt, wie er kongolesischen Fotografen beibringt, ihr Geld zu verdienen, indem sie westliche Medien selbst mit all den schlimmen Nachrichten aus Afrika beliefern, nach denen diese verlangen. Statt Hochzeiten und andere Feste fotografieren sie nun den Krieg, genauer, »vergewaltigte Frauen, Leichen und, extra, unterernährte Kinder«[74]. Das Argument ist kristallklar und rational – und zutiefst verstörend. Denn es zeigt uns unsere eigene Heuchelei.

Der Künstler und Theoretiker Pablo Helguera unterscheidet zwischen nichtfreiwilliger Beteiligung (ohne jede Verhandlung oder Zustimmung), freiwilliger Beteiligung (mit einer klaren Übereinkunft – oder gar einem Vertrag wie im Fall von Sierra) und unfreiwilliger Beteiligung, deren beiläufige, oft indirekte Verhandlungen nicht selten von versteckten Absichten geprägt sind und in denen »Täuschung und Verführung eine zentrale Rolle spielen.«[75] Während es in Sierras Arbeiten einen eindeutigen Deal mit den Beteiligten gibt (was die Sache nicht angenehmer macht), bleibt in den Projekten von Martens unklar, inwieweit sich alle Involvierten der Implikationen tatsächlich bewusst sind – einschließlich des Künstlers selbst, der sich mitten ins Geschehen begibt und nicht von sicherer Außenposition handelt.

Noch provozierender sind viele Werke des polnischen Künstlers Artur Żmijewski, in denen die ProtagonistInnen – um Helgueras

Definition zu verwenden – »sich zuerst bereitwillig beteiligen, später aber unfreiwillige Teilnehmer oder Akteure werden.«[76] In Żmijewskis Video *80064* (2004) wird der Holocaust-Überlebende Jozef Tarnawa zwar nicht gezwungen, seine verblasste KZ-Nummer nachstechen zu lassen, aber er lässt die Prozedur sehr offensichtlich nur nach starker Überredung über sich ergehen.

Solche Arbeiten zielen nicht darauf, konkrete Veränderungsvorschläge zu machen, sondern enthüllen, was die Gesellschaft lieber unter den Teppich kehren würde. Sie bieten keine einfachen Antworten, sie führen nicht zu kathartischer Erleichterung. Sie verlagern das Gewicht von der Ambiguität des Kunstwerks auf die Ambiguität unseres eigenen Lebens.

Doch bei diesen Aktionen von Sierra, Żmijewski und Martens sind, anders als im Theater, während des Vorgangs selbst keine ZuschauerInnen anwesend. Die, wie auch immer freiwillig Beteiligten, sind das »Material« der Arbeit, nicht ihre primär gemeinten RezipientInnen. Das daraus entstehende moralische Dilemma ist ein wesentlicher Teil der Wirkung. Wenn uns KünstlerInnen wie Sierra, Żmijewski oder Martens die Pose neutraler BetrachterInnen verweigern und uns in die Rolle von ZeugInnen zwingen, so hat auch das eine lange Vorgeschichte – von Brechts »Glotz nicht so romantisch«-Spruchbändern (die schon aus der Zeit vor der Entwicklung des V-Effekts stammten) bis hin zu den Arbeiten des US-amerikanischen Performancekünstlers Chris Burden: In seiner legendären Performance *Shoot* (1971) ließ er sich mit einem Gewehr aus fünf Meter Entfernung in den linken Arm schließen und verwandelte so die ZuschauerInnen nicht nur im künstlerischen, sondern auch im rechtlichen Sinne in ZeugInnen.

Aber man ist kein guter Zeuge, keine neutrale Zeugin: Allein durch die eigene Anwesenheit (und das eigene Nichteingreifen) legitimiert man das Geschehen, macht es erst möglich, wird zur Komplizin, zum Komplizen. Und zu VoyeurInnen, wenn wir den Blick nicht abwenden, den Ort nicht verlassen. Unser Blick hat etwas Unerlaubtes. Doch selbst zu VoyeurInnen taugen wir nicht sonderlich, denn wie sollen wir heimlich genießen, wenn es vor allem darum geht, uns die Dreistigkeit unseres eigenen Schauens vor Augen zu führen. Am Ende sind wir ebenso schlechte ZeugInnen wie schlechte VoyeurInnen. Und plötzlich selbst die Angeklagten.

Die Kunsttheoretikerin Irit Rogoff schlägt vor, dass Partizipation ja auch bedeuten könnte, wegzusehen. Und uns so von dem zu befreien, was KünstlerInnen oder KuratorInnen für uns vorgesehen haben.[77] Doch auch wenn das ein guter Weg sein mag, nervigen Zwangsbeteiligungssituationen der Kunst zu entkommen – der Verantwortung für das gezeigte Übel entledigt uns das nicht.

Am Ende sind wir ebenso schlechte ZeugInnen wie schlechte VoyeurInnen. Und plötzlich selbst die Angeklagten.

So ist es kaum möglich, von den Arbeiten Sierras, Żmijewskis oder Martens' nicht aufgewühlt zu werden; das Dilemma des Betrachtens löst sich auch nach mehrmaligem Sehen nicht auf. Es sind starke künstlerische Arbeiten. Es sind politische Arbeiten, ihre Inhalte verweisen zweifellos auf reale gesellschaftliche Probleme. Und die Fragen, die sie aufwerfen, sind komplex, nicht leicht auflösbar – sie einfach als unmoralisch abzulehnen, ist ebenso zu simpel wie sie ethisch freizusprechen. Aber so produktiv diese Auseinandersetzung ist: Letztlich entscheiden sich diese KünstlerInnen bewusst dafür, Teil des Problems zu sein und nicht der Lösung. Sie legen den Finger auf die Wunde der Repräsentation, um auf ein größeres Übel zu verweisen und wiederholen so nicht nur symbolisch Ungerechtigkeit, sondern erzeugen sie in der konkreten Situation gar erst selbst.

Gewissermaßen am anderen Ende der Skala partizipativer Arbeiten stehen KünstlerInnen, die in erster Linie von Empathie geleitet werden, die Fürsorge und oft Demut ins Zentrum ihres Schaffens stellen. Die US-amerikanische feministische Künstlerin Mierle Laderman Ukeles erfand Ende der 1960er-Jahre das Genre *maintainance art* (sinngemäß: »Pflege- und Wartungskunst«) als sich die junge Mutter damit konfrontiert sah, dass das Unterstützen und Erhalten eines anderen Lebewesens plötzlich ihre hauptsächliche Beschäftigung wurde, diese aber von außen nicht als richtige Arbeit anerkannt wurde. Unnötig zu erwähnen, dass die von ihr zu jener Zeit bewunderten männlichen Künstler mit solchen Herausforderungen nicht zu kämpfen hatten: »Ich bin eine Frau. Ich bin eine Ehefrau. Ich bin eine Mutter. (Beliebige Reihenfolge). Ich bin verdammt viel damit beschäftigt, zu waschen, aufzuräumen, zu kochen, zu erneuern, zu unterstützen, zu erhalten etc. Außerdem (bisher getrennt davon) ›mache‹ ich Kunst. Jetzt werde ich einfach diese Alltagssachen tun und sie ins Bewusstsein spülen, sie ausstellen, als Kunst.«[78]

Mit ihrem *Manifesto for Maintenance Art 1969!* rückte sie alltägliche Tätigkeiten des Unterstützens, des Unterhalts, der Pflege, aber auch schlicht der Wartung, Reinigung etc. in den Blick – Tätigkeiten, die den gesellschaftlichen Alltag (und auch die Kunst) erst ermöglichen, die aber in der Regel nicht in der Öffentlichkeit sichtbar sind: »Wer wird nach der Revolution am Montagmorgen den Müll aufsammeln?«[79] In ihrer legendären Arbeit *Touch Sanitation* (1977–80) schüttelte sie allen 8500 Angestellten der New Yorker Stadtreinigung die Hand und dankte ihnen für ihre Arbeit. Heute ist sie noch immer, seit mehr als vierzig Jahren, unbezahlte Künstlerin *in residence* im städtischen *Department of Sanitation.*

Vor allem in den letzten Jahren erfährt Laderman Ukeles wieder eine besondere Aufmerksamkeit, nicht zuletzt von jüngeren Künstlerinnen wie dem Frankfurter Theaterkollektiv Swoosh Lieu, dessen Performance-Installation *Who cares?!* (2016) einen dezidiert feministischen Blick auf die ökonomischen und symbolischen Zusammenhänge kommerzieller und privater Fürsorge-Tätigkeit wirft. Nicht nur, dass diese – von Haushalt, über Pflege bis hin zur Sexarbeit – kaum öffentlich wahrgenommen wird, sie hat zudem mit zahlreichen sexistischen Stereotypen und Vorurteilen zu kämpfen: »Ihr nennt es Liebe, wir nennen es unbezahlte Arbeit!«[80]

Auch die ungarisch-niederländische Theatermacherin Edit Kaldor setzt sich immer wieder mit Fragen auseinander, denen die Gesellschaft lieber aus dem Weg geht, wenn sie Themen wie Kindesmissbrauch oder Tod aufgreift. Dabei geht es ihr nicht um die künstlerische Mutprobe der Bewältigung eines eigentlich nicht zu bewältigenden Themas, sondern im Gegenteil darum, sich selbst verletzbar zu machen. Ihre Arbeiten beginnen oft gerade da, wo man glaubt, nicht anfangen zu können, wo man hilflos ist.

The Inventory of Powerlessness (2013–16) ist eine Sammlung solcher Momente der Machtlosigkeit. Kurze Berichte von Beteiligten, die in jeder Stadt neu zusammengestellt werden, stehen neben spontanen Beiträgen aus dem Publikum vor einem an die Wand projizierten Diagramm der Ohnmacht: Psychosen, Knasterfahrung, Krankheiten, Fehlgeburten, Asylverfahren, aber auch profanere Erlebnisse werden so miteinander verknüpft – nicht kategorisiert, sondern in Beziehung gesetzt. »An die Stelle der gewohnten und vertrauten Modelle von Machtstrukturen tritt ein Netz der Machtlosigkeit.«[81]

Dabei ist Machtlosigkeit für Kaldor kein zwangsläufig negativer Begriff. Während Ansätze, die Machtlose zu Opfern machen, das Gefühl der Ohnmacht oft noch verstärken, geht es in *Inventory* gerade nicht um Mitleid, sondern um Anerkennung, Anteilnahme, vielleicht Verstehen. Und vor allem darum, sich selbst in Verbindung zu setzen und Ohnmachtserfahrungen als Teil des eigenen Lebens zu erkennen.

Safe Spaces, Brave Spaces

Es gibt derzeit einen klaren Trend, auf der Bühne eigene Verletzungen, Traumata oder Scham auszustellen. »Zeige deine Wunde« – Joseph Beuys' von Schlingensief gern zitiertes Motto ist für eine ganze Reihe von TheatermacherInnen zum Leitmotiv geworden. Programme wie die des SICK!-Festivals in Manchester, »Safe your

Soul« an den Berliner Sophiensælen oder die Basler Dokumentartage zeigen, wie das Theater zum geschützten Ort werden kann – und für das Publikum zu einer Möglichkeit, etwas zu erfahren, das es sonst vielleicht nie hören würde. Verstörende Einblicke beispielsweise, wie sie der britische Künstler und Aktivist James Leadbitter, alias The Vacuum Cleaner, in seinem Solo *Mental* (2013) gibt, wenn er seine eigene Geschichte und seinen Kampf gegen die Institutionalisierungsgewalt als Borderline-Patient anhand von psychiatrischen Protokollen und Polizeiakten erzählt.*

Derlei Ansätze begreifen das Theater auch als einen Schutzraum, als *safe space* – ein Konzept, das seinen Ursprung in den USA der 1960er-Jahre hat, wo es zuerst im feministischen Umfeld auftauchte und später von Bürgerrechtsbewegungen aufgegriffen wurde: Ein geschützter Raum, in dem man sich über seine eigenen Ziele und Strategien verständigen konnte, ohne bereits mit permanentem Widerspruch jener, die ohnehin am längeren Hebel saßen, konfron-

---

* Neben solchen Arbeiten, die Verletzungen und Verletzbarkeit in den Mittelpunkt stellen, stehen eine ganze Reihe von scheinbar verwandten, im Kern aber doch sehr verschiedenen Performances, in denen die fließenden Übergänge von Selbstsorge zu Wellness sichtbar werden: *Medusa Bionic Rise* (2018) des Kollektivs The Agency beispielsweise lädt die Besucher in eine nicht allzu ferne albtraumhaft glückliche Zukunft ein, in der menschliche Körperlichkeit einerseits überwunden ist, sich andererseits doch alles nur um den Körper dreht.

Dieser posthumane Zustand einer Welt der *artificial intelligence* und Wellnesshöllen, in der Körper nur noch Daten und doch zugleich ein seltsamer Fetisch sind, prägt auch Arbeiten von Susanne Kennedy wie *Women in Trouble* (2017) oder *Coming Society* (2019), deren glatte, bildbearbeitete Ästhetik deutlich auf sogenannten *post-internet*-Arbeiten der bildenden Kunst (mit dem New Yorker Ryan Trecartin als prominentestem Vertreter) verweist. Hier wird eine Generation definiert, die das virtuelle Netz und seine Techniken so verinnerlicht hat, dass ihr Kunst- aber auch ihr Menschenbild ganz davon durchdrungen ist. Auch dabei dreht sich vieles um Körper, deren Berührung aber aseptisch, a-sexuell bleibt; Liebe vielleicht, aber ohne Fleisch und Flüssigkeiten.

tiert zu werden. Es ging darum, überhaupt erst einmal zu Wort zu kommen; gemeinsame Ziele zu formulieren, aber durchaus auch kontrovers zu diskutieren, wie diese erreicht werden könnten.

In diesen Kontext gehören auch jene Triggerwarnungen, die zunehmend einem Theaterbesuch vorausgehen: Hinweise, dass bestimmte Inhalte, Bilder, Sprechweisen, die als beleidigend oder verstörend wahrgenommen werden können, auf der Bühne zu erwarten sind. Während in den USA schon seit langem vor Nacktheit oder »expliziter Sprache« gewarnt wird, sind in den letzten Jahren weitere Ankündigungen dazu gekommen, die vor allem auf Darstellung oder Thematisierung von Rassismus, sexueller und anderer Gewalt oder diskriminierendes Vokabular hinweisen.

Der Begriff des Triggers stammt aus der Traumatherapie, die davon ausgeht, dass bestimmte Reize – Themen, Wörter, Situationen – eine traumatische Erinnerung triggern und möglicherweise gar zu einer Re-traumatisierung führen können. Von hier hat sich das Konzept, oft parallel zu der Forderung nach *safe spaces*, erst in den letzten Jahren und vor allem in nordamerikanischen Universitäten, in Internetforen und im Aktivismus und später auch in der Kunst verbreitet.[82]

So wichtig der Schutz vor Beleidigung, Verletzung, Re-Traumatisierung ist, birgt die verallgemeinerte Forderung, Theater, Museen, Universitäten etc. generell zu *safe spaces* zu machen, nicht zuletzt die Gefahr der Selbst-Ghettoisierung; immer kleiner wird die Gruppe, der man sich zugehörig fühlt, zu der man aber auch von außen als zugehörig gesehen wird. Einer der Versuche, aus dieser Falle zu entkommen, ist der Vorschlag, parallel zu *safe spaces* auch *brave spaces* zu etablieren, »mutige Orte«, an denen es keine Limits der Meinungsfreiheit gibt, an denen alles offen und radikal diskutiert werden kann.[83] Eine agonistische Arena, die allerdings räumlich, zeitlich und personell klar definiert ist.

Arbeiten wie *Inventory* spielen mit den produktiven Paradoxien des Theaters auf andere Weise: Sie sind *safe spaces* und Orte des Unwohlseins zugleich. Die Sicherheitsgarantieren der Bühne gel-

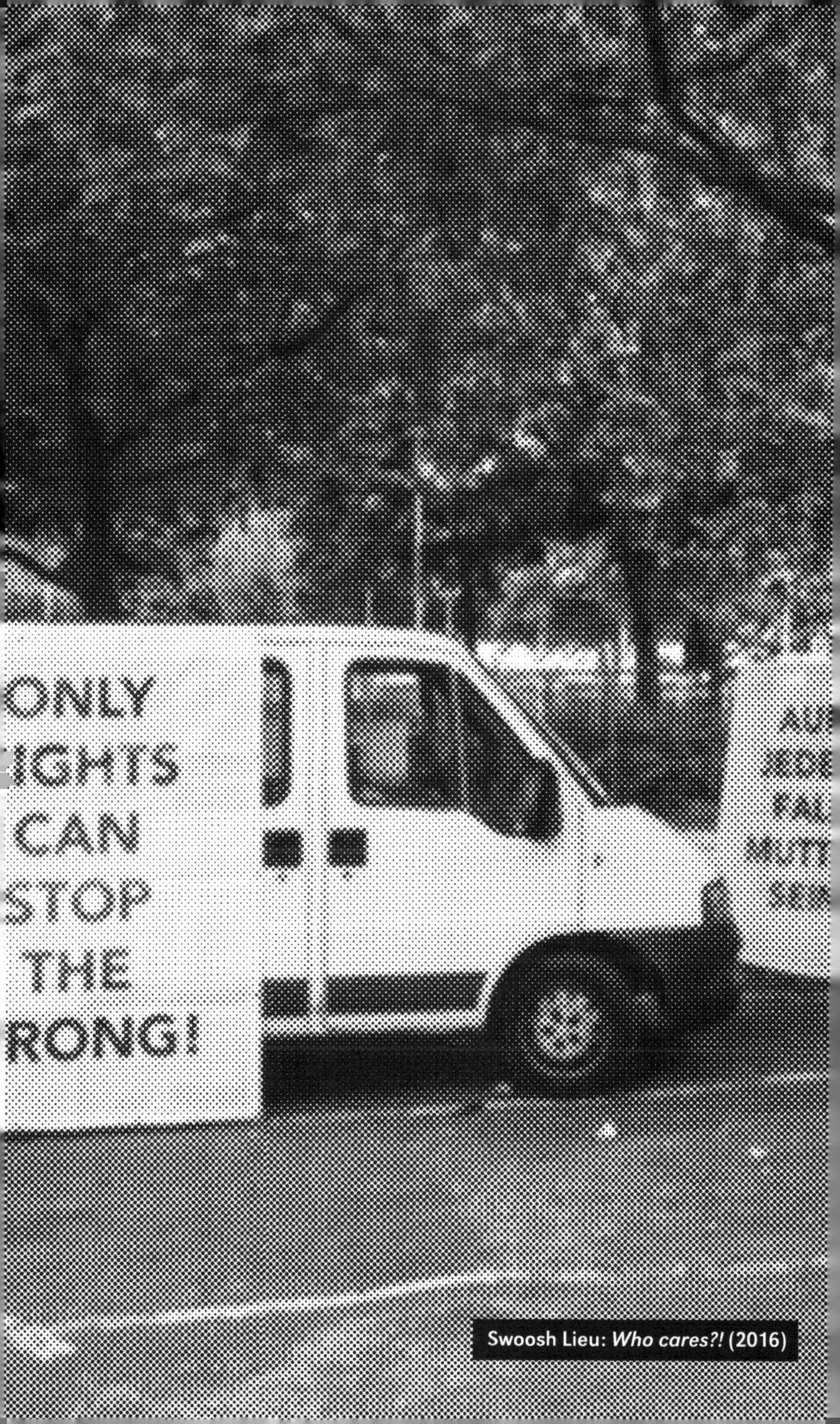

Swoosh Lieu: *Who cares?!* (2016)

ten nicht für das Parkett, dessen vermeintlich sicherer Boden der Normalität für manche/n BesucherIn zu schwanken beginnt, konfrontiert mit verletzlichen Körpern, Scham und Anforderungen, die oft nicht leicht zu verdauen sind.

Den *evil clown* in diesem Kontext mimt die nordamerikanische Performerin Ann Liv Young: Die extremen Therapiesitzungen ihrer blondperückten, drallen Südstaaten-Kunstfigur Sherry setzen auf Irritation und direkte Konfrontation. Schutzräume, vor allem für das Publikum, gibt es bei ihr nicht. Nicht gerade auf den Mund gefallen, nimmt sie ihre Gegenüber in eine oft lustvolle, nicht selten aber auch äußerst unangenehme, bewusst peinliche Geiselhaft. Sie geht an Grenzen, geschmackliche, ästhetische, aber durchaus auch psychische und zuweilen körperliche. Wenn sie sich GesprächspartnerInnen – oder besser: Opfer – herauspickt und vor versammeltem (sich tendenziell wegduckenden) Publikum nach Sexualität, vermuteten machistischen Tendenzen oder anderen Intimitäten befragt, dann hilft Schlagfertigkeit bestenfalls anfänglich aus der Patsche. In dieser Gruppentherapie sitzt Sherry eindeutig am längeren Hebel. Zu-nahe-Treten ist – physisch und psychisch – Programm. Und Selbstfindung, wie es in einem Begleittext heißt, »keine Option, sondern ein Befehl«[84].

Solche Arbeiten sind *safe spaces* und Orte des Unwohlseins zugleich. Die Sicherheitsgarantieren auf der Bühne gelten nicht für das Parkett.

Dabei ist immer klar: Es ist Theater, von der Perücke bis zur Persona. Man kann jederzeit gehen – vermutlich allerdings nicht unbemerkt. Um ihrem, in der Regel ja eher linksliberalen und einigermaßen vorbereiteten Publikum keine wohlfeile Zustimmung zu gewähren, schießt Sherry durchaus mal übers Ziel hinaus – erlaubt ihrer Südstaaten-Figur rassistische Aneignungen[85] oder provoziert offenen Streit und vorzeitig abgebrochene Vorstellungen.[86] Ann Liv Young setzt sich der Situation stets selbst aus, ist immer angreifbar.

Dass ein künstliches Alter Ego nur bedingt schützt, darauf verweist auch Julia*n Meding als Titelfigur in Boris Nikitins *Hamlet* (2016): »Das ist kein Theater. Und das ist nicht das wahre Leben!« Die Bretter, auf denen dieser Hamlet seinen großen, anklagenden, kämpferischen, leidenden Monolog hält, bedeuten durchaus die Welt – und zugleich nichts. Mit schleichendem Gang, ausgegrenzt und doch im Zentrum, manisch, depressiv, extrovertiert, introvertiert, immer zu viel, zu nah, immer zu wahr, zu stark, zu zerbrechlich zeigt der Performer und Musiker Meding einen Menschen, der – wie das große Shakespeare'sche Vorbild – nicht sympathisch, nicht konziliant, sondern sperrig ist. Ein poetischer Revolutionär, roh, konfrontativ, asozial, dann wieder Verständnis suchend, einlenkend. Medings Hamlet ist nicht Shakespeares Dänenprinz; er spricht kaum ein Wort der berühmten Vorlage und ist dennoch ein Hamlet-Prototyp für unsere Zeit. Sein oder Nichtsein, Handeln oder Zaudern, Dazugehören oder Fremdbleiben, das ist hier keine Frage der Entscheidung mehr, sondern eine Spannung, die man aushalten muss.

Wohl keine andere Arbeit des Schweizer Autorenregisseurs Nikitin geht so unter die Haut wie diese Verhandlung von Krankheit, Tod, Depression, vom Anderssein-Wollen, vom Anderssein-Müssen. Rolle und vermeintlich reale Figur verschmelzen, theatrale Reflexion und existenzielle Lebensfragen werden eins, wenn Meding zur Musik eines live spielenden Barockquartetts seinen Körper und seine (vermeintliche) Biografie den Blicken des Publikums aussetzt, auf schmalem Grat zwischen Performance und Illusionstheater, offensivem Dilettantismus und schauspielerischer Virtuosität.

Dieser Hamlet – James Leadbitter in *Mental* mit seiner Selbstbezüglichkeit und Querulanz nicht unähnlich – macht es uns nicht einfach. Er klagt an: uns, sich selbst, ist dabei oft ungerecht, selbstgerecht. Er ist nicht gefällig, er ist mutig, nervt aber auch; er verlangt von seinem Publikum, sich permanent zu positionieren.

Die Grenzen zwischen Projekten, die auf Fürsorge setzen und solchen, deren Strategie im Dissens liegt, sind diffus. So verschieden die Herangehensweisen sind, so ähnlich sind oft ihre Motivationen. Denn viele Arbeiten, die mit Konfrontation oder gar Antagonismus spielen, sind zugleich Ausdruck tiefen Mitgefühls, ein Schrei um Aufmerksamkeit für das Elend der Welt. Wie empathisch oder konfrontativ ein Kunstwerk auch sein mag, am Ende, so Pablo Helguera, »ist es falsch, zwischen kontroversen oder konfrontativen und nichtkonfrontativen Werken zu unterscheiden. Antagonismus ist kein Genre, sondern eine Qualität des Kunstschaffens, die in einigen Praktiken einfach deutlicher zum Ausdruck kommt als in anderen.«[87]

Teilhabe hinter den Kulissen

Auch die Prozesse selbst, in denen Kunst produziert wird, sind politisch. Deshalb bedeutet, politisches Theater zu machen, nicht zuletzt, die eigenen Arbeitsbedingungen und -strukturen zu hinterfragen. Dass es nicht ausreicht, eine andere Gesellschaft auf der Bühne zu fordern ohne auch hinter den Kulissen nach anderen Formen des Zusammenarbeitens, des eigenen Tuns zu suchen, wird zwar gerade wieder viel diskutiert – die Realität jedoch ist nach wie vor eine andere. Was nicht nur an Bigotterie oder einfach Trägheit liegt: Machtverteilungen und Hierarchien im Apparat der Institution oder auch in jeder einzelnen Produktion zu hinterfragen und zu verändern, ist keine schnell lösbare Aufgabe. Neben sehr unterschiedlichen Interessenslagen spielen Verwaltungs- und Arbeitsabläufe ebenso eine Rolle wie festgefahrene künstlerische Vorstellungen und Routinen.

Die legendären Mitbestimmungsversuche an einigen deutschen Stadttheatern vor allem in den 1970er-Jahren wurden jedenfalls relativ schnell wieder beendet und werden heute meist als Irrweg abgehakt – nicht selten mit dem altväterlichen Verweis, die SchauspielerInnen selbst hätten die Hierarchie der Regie- oder Intendantenposition immer wieder eingefordert, viele seien dem psychologischen Stress beispielsweise einer öffentlichen Diskussion möglicher Rollenverteilung nicht gewachsen gewesen. Gründlich beerdigt wurde die Idee aber vor allem mit dem oft wiederholten, selten plausibel begründeten Argument, Kunst sei nun mal per se nicht demokratisch. Auch wenn in jüngster Zeit hausinterne Hierarchien und Arbeitsbedingungen durch Initiativen wie dem Ensemble-Netzwerk, einer Art selbstorganisierter SchauspielerInnen-Lobby, offensiv hinterfragt werden: Bis heute können wenige KünstlerInnen an den Stadttheatern auch nur halbwegs die Bedingungen mitbestimmen, unter denen ihre Arbeiten entstehen

Mehr als viele Häuser wahrhaben wollen, prägen zudem die Strukturen das künstlerische Ergebnis. Nicht nur Verwaltung und Technik mit ihren rigorosen Abläufen, Arbeitszeiten und Gewohnheiten, selbst die künstlerische Vision wird in großem Maße von Notwendigkeiten oder Gepflogenheiten geleitet. Auch als Reaktion darauf haben sich viele freie Gruppen gegründet. Ihre Suche nach anderen ästhetischen Ansätzen ging Hand in Hand mit der Suche nach anderen Formen des Zusammenarbeitens.

Dass einige Studentinnen Anfang der 1990er-Jahre am Institut der Angewandten Theaterwissenschaft in Gießen das Performancekollektiv She She Pop ins Leben riefen, hatte nicht zuletzt damit zu tun, dass auch hier männliche Regiepositionen dominierten. Für sie folgte der Zusammenschluss deshalb einem klar »politischen und feministischen« Impuls; es ging darum,

> patriarchale und hierarchische Produktionsweisen abzuschütteln, eine andere Bühnenrealität zu behaupten und eine andere Produktionsweise zu befördern. […] In dieser Produktionsweise sollten alle gleichberechtigt an Entscheidungsprozessen in einem Projekt beteiligt sein, alle sollten die gleichen Aufgaben erfüllen, in Solidarität miteinander, jede auf ihre Weise. Alle sollten sich mit dem Endprodukt auf die gleiche Weise identifizieren können und der Gewinn daraus sollte geteilt und gemeinsam verwaltet werden.[88]

Pragmatik und Professionalisierung haben in den bisher fünfundzwanzig Jahren ihres Bestehens auch bei She She Pop Spuren hinterlassen und Kompromisse gefordert (bestimmte administrative Aufgaben beispielsweise werden an Einzelne delegiert), doch noch immer sind in der Gruppe Organisation und Finanzen nicht von den künstlerischen Tätigkeiten abgekoppelt. Das Prinzip der eigenen Ersetzbarkeit in der Verwaltung ebenso wie auf der Bühne hat dabei gleichermaßen gruppenpolitische wie ästhetische Konsequenzen: Wenn etwa Stücke in wechselnden Besetzungen touren, dann verändert das auch das Verhältnis zu den ZuschauerInnen, wie das Gründungsmitglied Ilia Papatheodorou schreibt:

> Was ich kann, was ich leiste, muss auch für jemand anderen möglich sein. Meine künstlerische Überlegenheit gegenüber dem Publikum stellt sich demnach als verhältnismäßig klein dar. […] Indem ich mich *gleichmache*, meine Position auf der Bühne als austauschbar darstelle, schaffe ich mich selbst ab. […] Damit richte ich innerhalb des Kunstwerks eine offene Stelle ein. Ich mache das Kunstwerk teilbar und anschlussfähig für viele: Was ich kann, können sie auch.[89]

Selbst wenn die jeweiligen PerformerInnen in den Produktionen austauschbar sein mögen, die künstlerische Leistung, der über Jahre hinweg entwickelte Stil, aber auch die individuellen Eigenheiten der Einzelnen sind es nicht und sollen es auch gar nicht sein: »Unsere Kunst besteht darin, eine Frage zu stellen, die man nicht allein beantworten kann. Wir sind uneins und sehen das als Bereicherung.«[90] Das Kollektiv She She Pop bleibt sich selbst ähnlich und ist dennoch immer wieder erweiterbar, kann sich personell öffnen und verändern.

She She Pop wurde nicht nur aus künstlerischen Gründen (und weil die Gruppe nach fünfundzwanzig Jahren noch immer existiert, während andere das prekäre Dasein im freien Theater längst aufgegeben haben) zu einem Orientierungspunkt für viele jüngere TheatermacherInnen. Sondern auch, weil die PerfomerInnen das Ringen

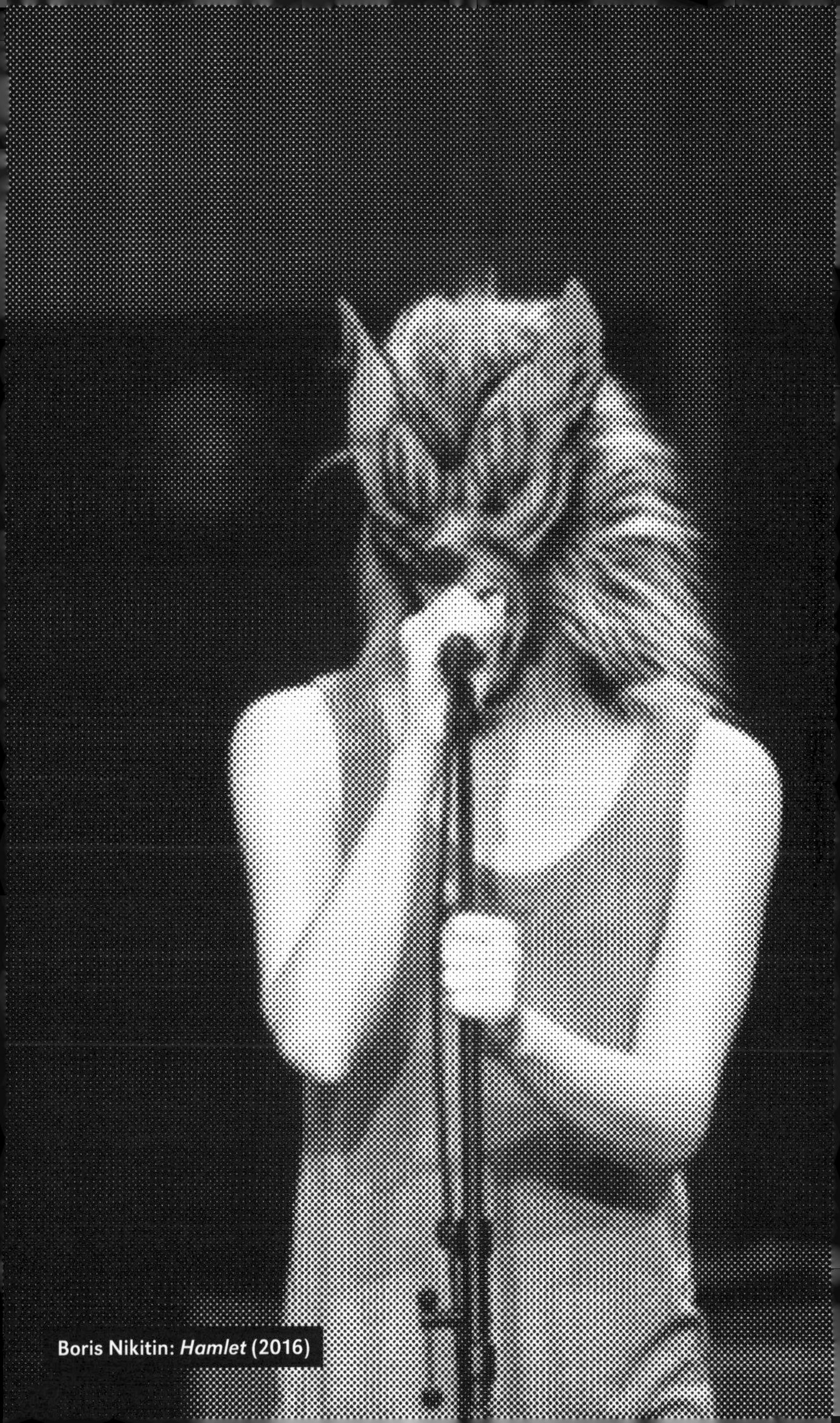

Boris Nikitin: *Hamlet* (2016)

um das eigene kollektive Arbeiten und die eigenen Gruppendynamiken immer wieder auf der Bühne thematisieren: Gleichsein ist gar nicht einfach durchzuhalten – in der Gruppe selbst, aber auch in der Außenwahrnehmung.

Inzwischen ist die freie Theaterlandschaft geprägt von sehr unterschiedlichen Konstellationen des Zusammenarbeitens, die sich nicht in einzelne ProtagonistInnen und Jobprofile auseinanderdividieren lassen. Dazu kommen zahlreiche Regieduos und -trios, die (teilweise auch als LebenspartnerInnen) gleichberechtigte Arbeitsmodelle erproben und den Unterschied zwischen produzierenden und reproduzierenden KünstlerInnen verwischen. Langsam und meist ohne ideologische Aufladung wird so die romantische Idee des genialischen KünstlerInnensubjekts von kollektiveren Zusammenarbeitsmodellen abgelöst.

Immersion: Partizipation als Unterwerfung

Als vermeintliche Variante partizipativer Kunst wird derzeit das Konzept der Immersion im Theater hoch gehandelt – also das Eintauchen in eine alternative Realität, bei der jedes Außen völlig verschwinden soll. Während die bisher beschriebenen Beispiele partizipativen Theaters davon leben, dass sie gleichzeitig als Realität und als Fiktion erfahren werden können, zielt Immersion auf das totale Erlebnis in einer künstlichen Welt, die endlos ist – zumindest für jene, die nicht versuchen, die Türen dieser erweiterten Bühnen zu öffnen. Wer hier die Regeln hinterfragt, ist nur ein Spielverderber.

Immersives Theater ist oft, aber beileibe nicht immer, interaktiv oder partizipativ. (Interaktion verweist meist auf eine Eins-zu-eins-Konstellation, Partizipation eher auf eine Gruppe.) Vor allem aber ist es streng illusionistisch – mit einer angestrebten Konsequenz, von der Stanislawski nicht zu träumen gewagt hätte.

So lassen sich seine historischen Wurzeln – je nach Präferenz – in rauschhaften Ritualen oder den neo-dionysischen Theaterekstasen Antonin Artauds ebenso finden wie in den das Kino antizipierenden Illusionsmaschinen des Barock. Oder eben bei Stanislawski – wobei dessen Variante einer »vierten Wand«, die doch eigentlich das unbeobachtete Beobachten ermöglichen sollte, in einer paradoxen Volte nun das Publikum im Raum der Performance miteinschließt.

Aber auch die Happening-Künstler der 1960er-Jahre, allen voran der US-amerikanische Aktionskünstler Allan Kaprow mit seiner Sehnsucht nach einer Kunst, in die man hineintritt, anstatt sie von außen zu betrachten, werden als Vorbilder der Immersion zitiert, obwohl sie doch allen illusionistischen Formen der Kunst den Kampf angesagt hatten.

Für das Theater birgt das Konzept der Immersion zwei grundlegende Probleme – das eine liegt in der Natur des Mediums und seinen technischen Möglichkeiten, das andere in seinen politischen Implikationen.

So wie die Erfindung des Films und der Siegeszug des Kinos das illusionistische Theater Anfang des 20. Jahrhunderts an seine Grenzen gebracht haben, lassen jüngste Entwicklungen von *virtual reality*-Techniken immersives Theater schon alt aussehen bevor sie überhaupt ausgereift sind – was vielleicht ein Grund dafür ist, warum sich viele immersive Theateransätze im Retro-Chic präsentieren. Wer tatsächlich auf totale Unterhaltung aus ist, kommt – wenn schon, denn schon – wahlweise mit VR-Brille oder drogenbasierten Ritualen vermutlich mehr auf seine Kosten als eingehegt von wackligen Theaterillusionen.

Ethisch heikler sind die politischen Implikationen der manipulativen Totalität. Denn Immersion verlangt, dass man sich einer künstlerischen Vision oder gar Ideologie ganz ergibt; sie setzt auf die Strategie von *shock and awe*, der Überrumpelung. In einem solchen straffen künstlerischen Konstrukt kann kein »emanzipierter Zuschauer« existieren: Immersion zwingt zu einer Partizipation ohne Reflexion und ohne politisches Bewusstsein.

Anschaulich wird das Problem beim vermutlichen Weltrekordhalter immersiver Kunst, dem groß angelegten Film-, Performance- und Kunstspektakel *DAU* (seit 2009) des russischen Filmemachers Ilja Chrschanowski, das dem Leben des sowjetischen Physikers Lew Dawidowitsch Landau gewidmet ist.

Immersion verlangt, dass man sich einer künstlerischen Vision ganz ergibt und zwingt in eine Partizipation ohne Reflexion und ohne politisches Bewusstsein.

Immersiv war das Projekt zuerst und vor allem für die Beteiligten an den dreijährigen Dreharbeiten: Im ukrainischen Charkiw wurde ein gigantisches Filmset aufgebaut, eine kreative Rekonstruktion des ominösen Geheiminstituts für Physikalische Probleme der Sowjetischen Akademie der Wissenschaften in den Jahren 1938 bis 1968. Hunderte SchauspielerInnen und PhilosophInnen, KünstlerInnen und MystikerInnen, WissenschaftlerInnen und KöchInnen, KrankenpflegerInnen und FriseurInnen wurden hier für ein 24/7-Dauerrollenspiel angesiedelt – ihre kostümierte Routine als Reenactment eines imagnierten Institutsalltags rund um den legendären Physiker. Tag und Nacht unter »realen«, also immersiven Bedingungen; Gewalt, Alkohol und einige Kindszeugungen inklusive.

Diese Totalerfahrung der DarstellerInnen sollte bei der Präsentation von Teilen des 700 Stunden umfassenden Filmmaterials auch für die ZuschauerInnen spürbar werden. Den dafür geplanten Wiederaufbau eines Teils der Berliner Mauer verhinderten nach längerem Hin und Her behördliche Sicherheitsbedenken. Stattdessen fand eine kleinere Version des Spektakels Anfang 2019 in Paris statt, wo auch erstmals das Filmmaterial präsentiert wurde.

Dass bei *DAU* die politischen Implikationen künstlerischer Immersionsprojekte besonders deutlich werden, liegt nicht nur an den gigantischen Ausmaßen des Projekts, sondern auch an seinem thematisch zwangsläufigen Flirt mit stalinistischer Ästhetik. Doch selbst bei ideologisch unverfänglichen Arbeiten liegt zwischen Eintauchen und Untergehen oft nur ein Atemzug. Es geht nicht um Emanzipation und Erkenntnis, sondern um Unterwerfung. Von den »individualisierten Erfahrungsräumen«,[91] die die Kunsttheoretikerin Dorothea von Hantelmann emphatisch in der Immersion sucht, ist da nicht mehr viel übrig.

Allan Kaprow übrigens, dessen »Go in instead of look at« zum Motto der seit 2016 laufenden *Immersion*-Programmreihe der Berliner Festspiele wurde,[92] machte selbst sehr deutlich, dass *in* einem Kunstwerk zu sein, gerade nicht bedeuten sollte, die Realität zu vergessen: »Die Situationen für ein Happening sollten aus dem entstehen, was man in der echten Welt sehen kann, aus echten Orten und Leuten, und nicht aus dem Kopf. Wenn man sich zu sehr auf die Fantasie versteift, landet man wieder bei alter Kunst, denn Kunst sollte ja schon immer aus der Fantasie kommen.«[93]

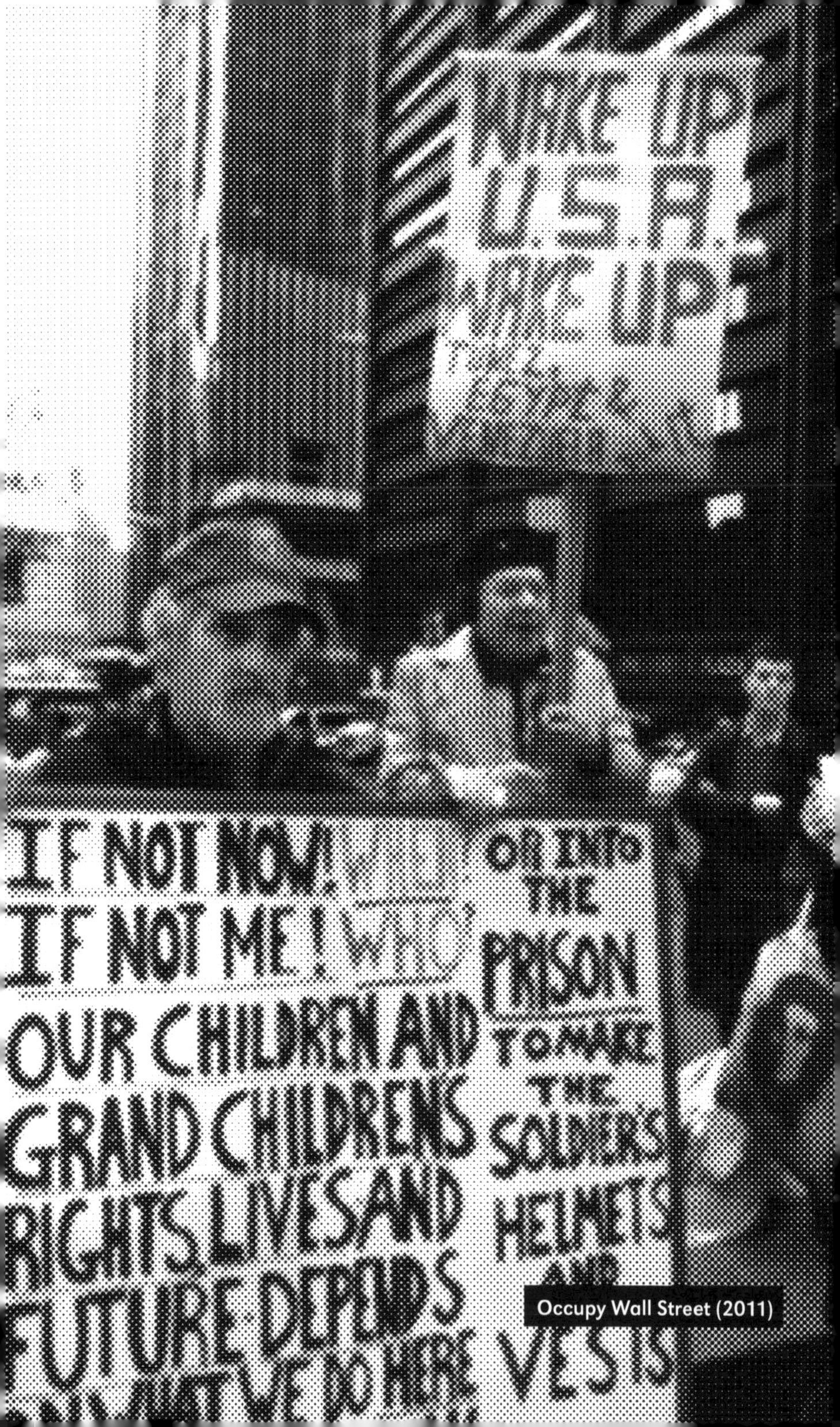

Occupy Wall Street (2011)

KUNST UND AKTIVISMUS

Tunesien, Ägypten, Spanien, Portugal, Griechenland. Wenig später New York, London, Tel Aviv, Istanbul, dann Brasilien, Japan, Korea, Argentinien … Mit dem Jahr 2010 begann eine Dekade weltweiter Demonstrationen. So unterschiedlich die unmittelbaren Auslöser für die aufflammenden Proteste im Einzelnen waren und weiterhin sind (Algerien, Sudan, Hongkong, Chile …): Fast immer waren und sind KünstlerInnen unter den ersten, die sich in die Bewegungen für soziale Gerechtigkeit und mehr Demokratie einreihen. Ob auf dem Tahrir-, dem Zuccotti-, dem Syntagma-, Taksim- oder Maidan-Platz, vor dem Kreml, in Tokio nach Fukushima, inmitten Niemeyers ikonischer Parlamentsarchitektur in Brasilia oder unter den Regenschirmen in Hong-Kong, eine Frage tauchte dabei stets wieder auf: Wie kann Kunst, wie können künstlerische Strategien und Taktiken eine relevante Rolle in diesen Bewegungen spielen?

Anders als so oft in der Kunst, ist im politischen Aktivismus die Frage nach Grund, Einsatz und Ziel des eigenen Handelns meist von vornherein geklärt. Dazu kommen häufig konsequente Gradlinigkeit, kompromisslose Hingabe und ausgeklügelte Strategien in Sachen kollektives Arbeiten und Partizipation. Kein Wunder, dass viele engagierte KünstlerInnen und Kulturschaffende mit einigem Respekt auf politische AktivistInnen in aller Welt schauen. Und so ist auch das politische Theater der letzten Jahre kaum verstehbar, ohne einen Blick auf diese Verbindung zu werfen.[94]

Kunst und Politik verbindet schon immer eine intensive Hassliebe. KünstlerInnen positionierten sich irgendwo zwischen serviler Gefolgschaft und kritischer Distanz zu den Mächtigen, zwischen konstruktiver Kooperation und hartem Antagonismus. Kein Zufall, dass sich künstlerische Mittel und gar Definitionen davon, was Kunst überhaupt sein kann und soll, oft in Phasen sozialer Umbrüche entwickeln oder radikalisieren. Es sind Momente, in denen das Verhältnis von Kunst und Gesellschaft generell an einem Wendepunkt steht: unmittelbar vor und nach dem Ersten Weltkrieg (Dada, Futurismus, Konstruktivismus ...), in den 1960ern und frühen 1970ern (Performance-, Konzept-, Installationskunst ...) – Zeiten künstlerischer und philosophischer, aber auch politischer Avantgarden.

Es ist also nicht überraschend, dass politisch und sozial engagierte Kunst nach 1989, mit dem Zusammenbruch des Ostblocks, dem Ende des Kalten Krieges, der Beschleunigung des Kapitalismus und dem einhergehenden Anstieg der Antiglobalisierungsbewegungen, einen neuen Schub bekam. Aber erst mit den mannigfaltigen politischen und ökonomischen Krisen der letzten Jahre wurde das Genre »Aktivistische Kunst« ein verbreitetes Phänomen.

So sind sehr unterschiedliche, neue oder erneuerte Allianzen zwischen Kunst und Aktivismus entstanden, von denen manche so eng sind, dass sie sich zu einem einzigen Konzept – *art activism* – oder gar einem einzigen Wort – *artivism* – vereinigt haben. Indem er das Bedürfnis auf den Punkt bringt, künstlerische Fähigkeiten, Werkzeuge und Strategien zum Erreichen aktivistischer Ziele zu nutzen, fügt dieser Begriff zusammen, was nicht immer gut zusammen passt: Denn so wie KünstlerInnen sich weigern, auf Komplexität und Ambiguität zu verzichten, so verachten AktivistInnen neben solcher Uneindeutigkeit auch die traditionelle Rolle von KünstlerInnen als alleinige AutorInnen – und noch mehr den Markt, dessen Teil sie oft ist.

Im Zentrum von Aktivismus steht das Konzept der *direct action*: Eine Aktion mit dem sehr konkreten Ziel, ein Problem, eine Alternative oder gar eine mögliche Lösung aufzuzeigen. Direkte

Aktionen können gewaltsam oder explizit gewaltfrei sein. Streiks in allen Formen sind direkte Aktionen, ebenso wie Besetzungen, Akte zivilen Ungehorsams oder des Widerstands. Sabotagen, Blockaden, Angriffe, Überfälle. Aber auch Interventionen im Internet – *hacks* zum Beispiel. Das »direkt« verweist auf die Idee unmittelbaren Handelns – kurz: Die Zeit des Redens, des Verhandelns ist vorüber oder zumindest unterbrochen. Direkte Aktionen sind das Gegenteil von Zaudern, von Ambivalenz. Reflexion ist – bis zu einem Grad – aufgeschoben. So gesehen scheint die direkte Aktion der Moment zu sein, an dem der Aktivismus am weitesten von der Kunst entfernt ist.

Auf der anderen Seite gibt es auch den Augenblick, wenn eine Performance in Gang kommt und es keine Möglichkeit zur Umkehr mehr gibt. Wenn alles nur noch im Hier und Jetzt ist. So gesehen scheint die direkte Aktion der Moment zu sein, an dem der Aktivismus der Kunst am nächsten ist. Viele radikale Momente der Performancekunst oder Live Art ließen sich problemlos als direkte Aktionen beschreiben.

Definitionen davon, was Kunst überhaupt sein kann und soll, entwickeln sich oft in Phasen sozialer Umbrüche.

Ebenso wie Live Art sind auch direkte Aktionen in der Regel nicht spontan. Sie sind oft akribisch vorbereitet und inszeniert. Verschiedene mögliche Entwicklungen werden bedacht und etwaige Begegnungen, Widrigkeiten, Zufälle, Fehler antizipiert. Sie werden geplant wie Militäraktionen – oder wie ein Stück Performance-Kunst. Die Punk-Performerinnen von Pussy Riot stürmten im Februar 2012 nicht zufällig in die Moskauer Christ-Erlöser-Kathedrale und entschieden spontan, was sie tun wollten. Sie wählten den Kontext sorgfältig, probten Text und Choreografie des *Punkgebets*, das schließlich vor dem Altar – einem für Frauen verbotenen Ort – nur vierzig Sekunden dauerte.[95] Die Vorbereitungen solcher Aktionen gehen, wie die Protagonistin Jekaterina Samuzewitsch erläutert, oft über mehrere Wochen. Themen werden diskutiert, Songtexte geschrieben und ortsspezifische Performances entwickelt: Welches Publikum (inklusive Wachpersonal) wird anwesend sein? Welche Aufgänge, welche Abgänge gibt es? Wie lang kann die Performance dauern? Auch die Dokumentation ist genau geplant, das anschließend bearbeitete und ins Netz gestellte Video ist immer Teil der Arbeit.[96]

Die Aufführung, die schließlich folgt, kann nicht unter Originalbedingungen geprobt und später wiederholt werden. Darin ähnelt sie nicht nur bestimmten Formen von Performancekunst, sondern auch experimentellen Theateransätzen wie jenen der belgischen Gruppe TG Stan, die wochenlang an einem Tisch sitzt und das zu spielende Stück diskutiert, bespricht, wiederholt – aber erst am Abend der Premiere tatsächlich miteinander spielt.

Sogar die radikalen AnarchistInnen der russischen Woina-Gruppe mussten sich 2010 detailliert vorbereiten, um in ihrer legendären Aktion einen erigierten 65-Meter-Schwanz auf die St. Petersburger Liteiny-Brücke zu malen. Als die Brücke dann, wie jede Nacht, hochgezogen wurde, zeigte der Phallus direkt in Richtung des Bürogebäudes des Inlandsgeheimdiensts FSB (vormals KGB).

So wie KünstlerInnen und TheatermacherInnen von den zahlreichen politischen Bewegungen der letzten Jahre inspiriert wurden und sich bemühen, etwas von diesem Momentum in ihre Arbeit zu übertragen, sind Strategien des Theaters seit langem Teil des aktivistischen Repertoires.

Die Londoner Clandestine Insurgent Rebel Clown Army (C.I.R.C.A.) beispielsweise versuchte nach 2003 in Großbritannien und anderswo – »bewaffnet mit Spott und Liebe«[97] –, aufgeheizte Konfrontationen zwischen DemonstrantInnen und Polizei mit theatralen Mitteln in Verwirrung aufzulösen. Gerade in der Anfangszeit gelang es den von Profis trainierten Clowns mit ihren verspielten Interventionen tatsächlich immer wieder, eigentlich unüberwindbare Linien der Bereitschaftspolizei zu durchbrechen, weil »die Cops hinter ihren Visieren zu sehr lachen mussten, um sich konzentrieren zu können«.[98]

Doch wie bei allen direkten Aktionen gilt auch hier: Erfolgreich sind sie nur, wenn sie gut gemacht sind, wie John Jordan, einer der Erfinder der Clowns Army und einflussreicher *artivist*, feststellt:

> Rebel Clowns sollten nicht so tun, als wären sie Clowns. Sie sollten richtige Clowns sein, und wie bei aller Kunst braucht es dafür Übung und Hingabe. […] Die permanente Dringlichkeit des Aktivismus führte dazu, dass viele AktivistInnen sich nie die Zeit nahmen, die Kunst des *clowning* wirklich zu trainieren. Als Resultat landeten viele schlechte »Hippie«-Clowns auf den Straßen, die glaubten, in der Clown Army zu sein bedeute lediglich, sich zu verkleiden. Es ist aber eine tiefgehende physische und psychologische Praxis, die effektive direkte Aktionen ermöglicht.[99]

Auch Reverend Billy hat viel Erfahrung im direkten Kontakt mit den Ordnungsmächten. Vor zwanzig Jahren stand er noch allein auf dem New Yorker Times Square und predigte mit voller Stimme gegen Konsumkapitalismus und Umweltverschmutzung. Inzwischen hat die Kunstfigur des US-amerikanischen Schauspielers, Aktionskünstlers und Aktivisten William (Billy) Talen – eine Mischung aus Elvis-Imitation und charismatischem TV-Evangelikalen – rund fünfzig MusikerInnen, PerformerInnen, SängerInnen in ihrer Gemeinde versammelt. Die Church of Stop Shopping eignet sich Ästhetik und Rhetorik US-amerikanischer Fernsehkirchen an, die vor allem der extremen Rechten ein ideologisches Fundament bieten. Mit eigenen Gospelsongs und atemlosen, spielerisch wortgewaltigen Predigten drehen Reverend Billy und der Stop Shopping Choir den Spieß um. Die spätabendlichen Höllendrohungen gegen alle Anderslebenden, den hysterischen Patriotismus und die Verklärung der USA zum gelobten Land verkehren sie in einen Aufruf zum Kampf für die Liebe und gegen die drohende Klimakatastrophe. Zwischen Parodie und festem Glauben an ihre »postreligiöse« Kirche sind ihre Bühnen Gemeindezentren, Straßenkreuzungen, Wälder, Parkplätze, Shopping Malls, Banklobbys, aber durchaus auch Theater und Konzerthallen.

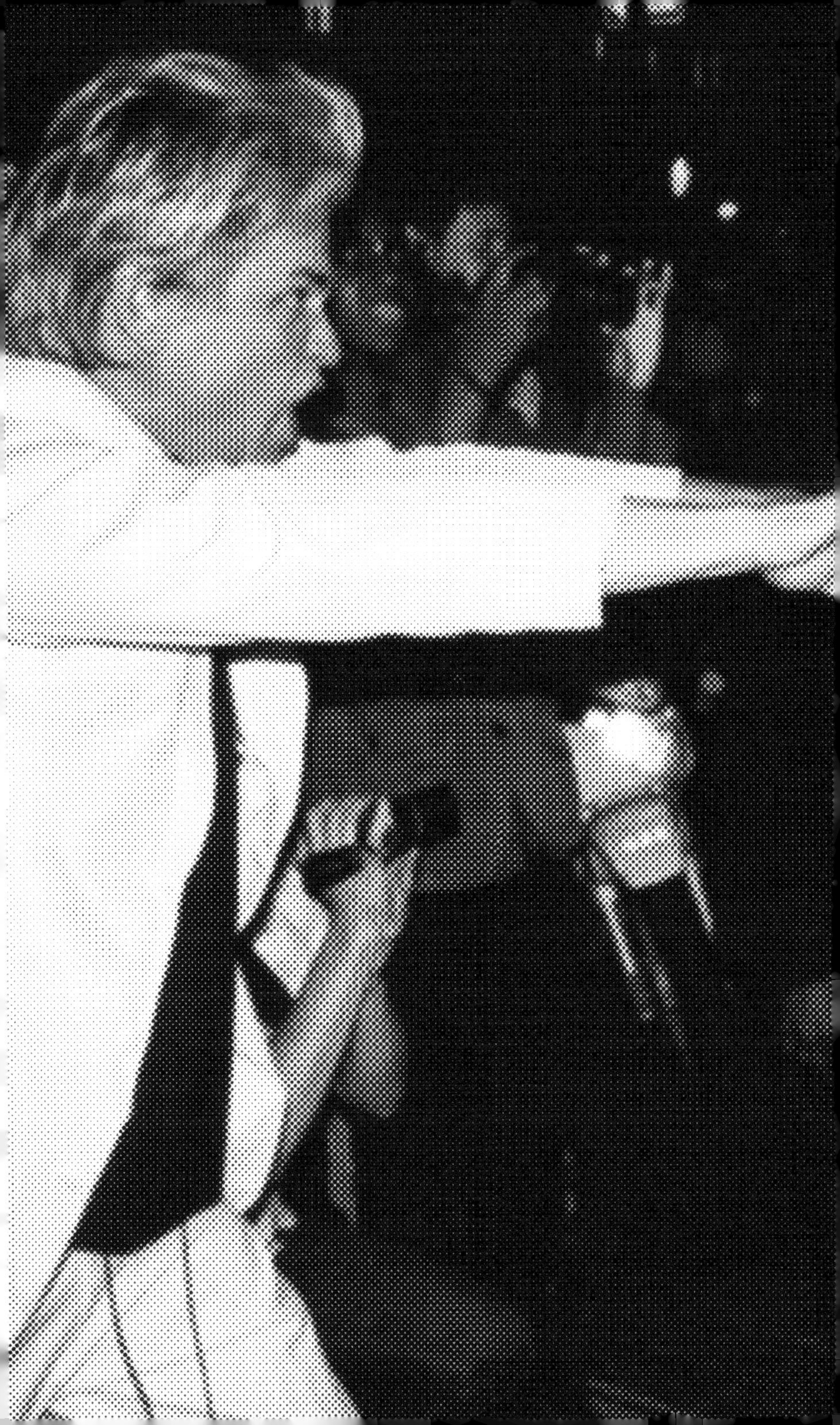

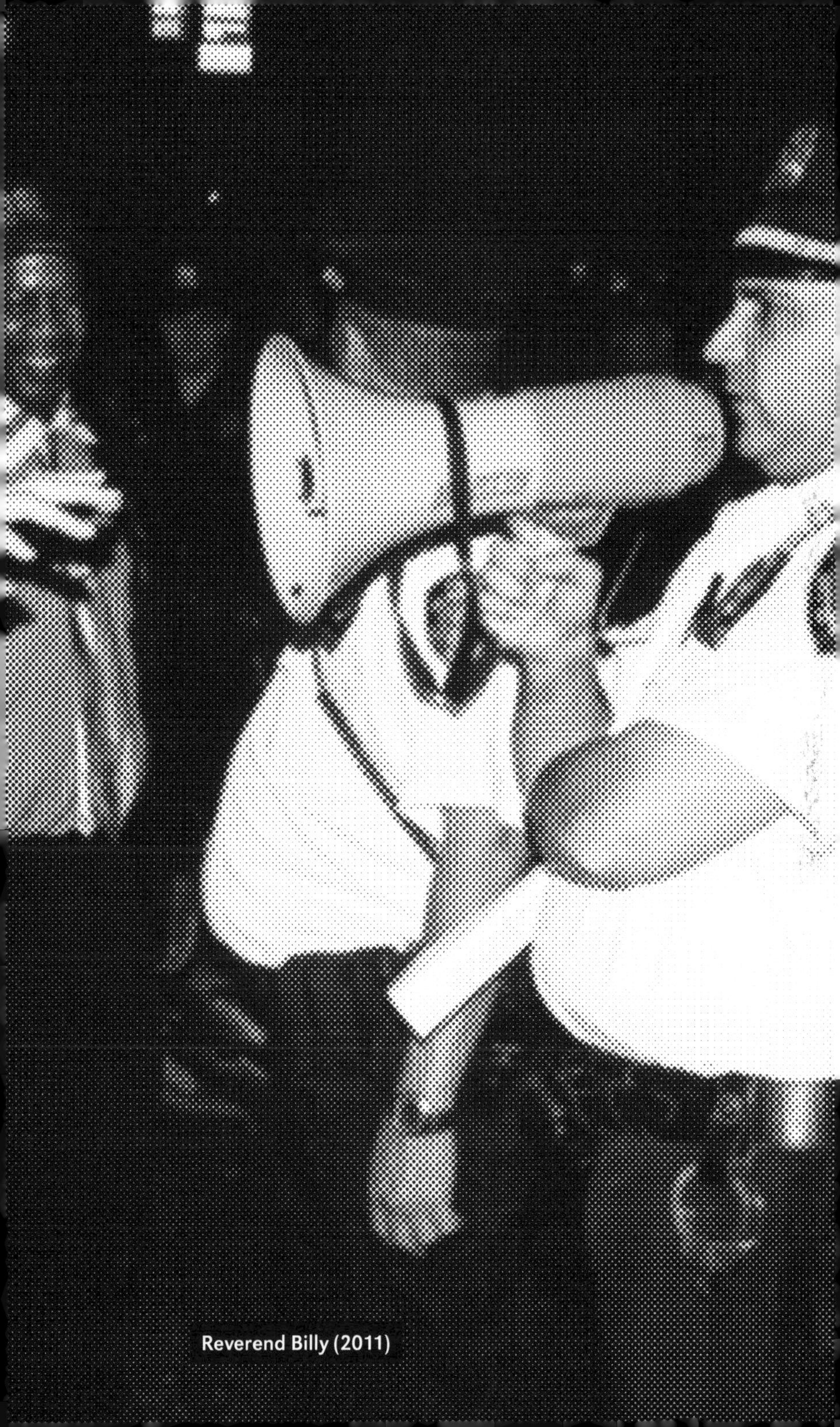

Reverend Billy (2011)

Dazu kommen spielfilmlange Dokumentationen und vor allem unzählige YouTube-Clips für ein weltweites Publikum.

So sehr der falsche Geistliche eine Kunstfigur ist, so wahrhaftig ist die Idee der Gemeinschaft, die diese »Kirche« trägt. Wenn man einer Probe im schäbigen Kellerproberaum eines heruntergekommenen Gemeindezentrums in der Lower Eastside beiwohnt, erkennt man schnell: So divers, so gemischt – nicht nur in Geschlecht, Hautfarbe, Alter, sondern auch im sozialen Hintergrund – sind wenige Theaterprojekte. Zwischen Ethik und Ästhetik gibt es hier keine Trennung. Was gepredigt wird, wird gemeinsam gelebt.

Im Kontext sozialer oder politischer Bewegungen wie Occupy Wall Street bietet die Church of Stop Shopping sowohl eine prägnante Form für direkte Aktionen als auch ein Medium, gemeinsame Anliegen öffentlichkeitswirksam zu formulieren und Kampagnen in die Nachrichten zu bringen. So predigen der ehrwürdige Billy und seine MitstreiterInnen bei Occupy Wall Street, stürmen Starbucks-Cafés und Victoria's Secret-Läden, exorzieren Geldautomaten in Bankenlobbys oder die Londoner Tate Modern im Kampf gegen das Sponsoring durch den Mineralöl-Umweltsünder BP: »Earthalujah!«

> Ich liebe es, zu predigen. [Die amerikanische Performancekünstlerin und Musikerin] Laurie Anderson hat es den ›Riss zwischen Reden und Singen‹ genannt. Ich würde es die Landschaft dazwischen nennen, das Traumland dahinter. Die Vokale können voller Atem heulen, die Konsonanten stocken plötzlich und erzeugen eine geiselnehmende Stille. […]
>
> Wir glauben, dass bei einer aktivistischen Veranstaltung – etwa der Übernahme einer Bankenlobby – die Kollision meiner Rechtsaußen-Anklänge und meiner linken Stimme, zusammen mit der einschüchternden Präsenz des Stop-Shopping-Chors und seinen glühenden Harmonien, die KundInnen, KassiererInnen, privaten Sicherheitskräfte und die Bank-ManagerInnen schwer beeindrucken. Mir wird gesagt, dass es den Leuten schwerfalle, sich auf das Geschehen zu konzentrieren, wenn Gesang und Predigt über das Verhalten der

> Bank Fahrt aufnehmen. Das Ganze ist zu schrill, mit dem Gospelkonzert und den radikalen Liedtexten und dem Elvis-Imitator davor … und wir stellen fest, dass das Unvermögen, uns schnell in eine Schublade zu stecken, dazu führt, dass sich alle Zeugen auf originellere Weise als sonst eine Meinung darüber bilden, was wir sind, wer sie selbst sind und was diese Bank überhaupt macht.[100]

Theatrale Formen werden genutzt, um Verwirrung zu stiften, Wahrnehmung zu irritieren. Aber nicht als Selbstzweck oder im Vertrauen darauf, dass das allein schon als politische Geste genüge, sondern um den Lauf des Kapitalismus für einen kleinen Moment an einem konkreten Ort (mit symbolischer Bedeutung) zum Stocken zu bringen. Und – vielleicht – in dieser plötzlichen Unterbrechung ein Nachdenken zu erzeugen. Egal, ob man mit dem Chor mitgezogen ist oder von ihm in einer Banklobby überrascht wurde: Das Publikum wird, wenn es sich nicht abwendet, zum Komplizen durch reine Anwesenheit. Der Alltag kommt für einen Augenblick aus dem Rhythmus, unsere Verhaltensweise wird kritisiert und an unser Verantwortungsbewusstsein appelliert.

Ob das funktioniert? Zumindest scheinen das die Banken und anderen Institutionen, in die Reverend Billy und der Stop Shopping Choir einziehen, zu befürchten: Meist vergehen nur wenige Minuten bevor die Polizei zur Stelle ist, um den Prediger abzuführen, und Reverend Billy wieder eine Nacht in Gewahrsam verbringt.

Dass solche Aktionen, vor allem in durchkapitalisierten Städten wie New York, auch ein Kampf um öffentlichen Raum sind, zeigt sich an der Häufigkeit, mit der William Talen verhaftet wird – und das nicht nur auf privatem Gelände. Paradoxerweise wird gerade der öffentliche Raum oftmals noch stärker geschützt als der semiöffentliche: Occupy Wall Street konnte 2011 im Zuccotti-Park, einem sogenannten »öffentlichen Raum in Privatbesitz«, stattfinden – jeder Ausflug auf den tatsächlich öffentlichen Raum des Washington Square Parks wurde hingegen umgehend mit massivem Polizeieinsatz beendet. Ähnliches galt für Occupy London, das auf dem kirchlichen Gelände der St.-Pauls-Kathedrale sein Lager aufschlug.

Mittel und Zweck

Die derzeit – weit über Theater- oder Kunstpublikum hinaus – bekannteste künstlerisch-politische Gruppe im deutschsprachigen Raum ist das Zentrum für Politische Schönheit (ZPS) um den Aktivisten Philipp Ruch.[101] Es zwingt alle, die mit seinen Projekten in Berührung kommen, in seine agonistischen Arenen. Egal ob vor Ort, hinter Zeitung, Computer oder Fernseher, es bleibt kaum anderes übrig, als sich dazu zu verhalten. Bilder von vermeintlich dankbaren syrischen Kindern, von Särgen mit Geflüchteten, die Gleichsetzung deutscher Maueropfer mit heutigen Toten an den EU-Außengrenzen, das Errichten eines Holocaust-Denkmals vor dem Haus eines prominenten deutschen Rechtsaußen-Politikers – solche Aktionen bringen uns in ein Dilemma, indem sie eine Positionierung fordern, die aber nicht einfach zu beziehen ist: Teilen wir diese Strategien eines, wie das Zentrum es nennt, »radikalen Humanismus«[102]? Sind die Methoden gerechtfertigt? Wird hier eine Ausbeutung durch eine andere ersetzt? Heiligt der Zweck die Mittel? Und sind die Dinge nicht komplexer? Ist hier alles zu schwarz-weiß?

Die Arbeiten des ZPS ähneln in dieser Hinsicht jenen von Santiago Sierra, Renzo Martens oder Artur Żmijewski. Zwar finden sie unter veränderten Vorzeichen statt, denn es geht um das klare Benennen jener, denen Verbrechen gegen die Menschlichkeit vorgeworfen werden (dieser Fuß steht im Feld des Aktivismus), aber die Strategie ist (als Fuß im Feld der Kunst) dennoch vergleichbar, wenn das ZPS wahlweise mit unserer wohlfeilen Missbilligung oder klammheimlichen Freude darüber spielt, dass es 25 000 Euro Belohnung für jede sachdienliche Information aussetzt, die zur Verurteilung von BesitzerInnen des Rüstungsunternehmens Krauss-Maffei Wegmann führen würde (2012). Da der Waffenhandel selbst – das tatsächliche ethische Verbrechen – nicht strafbar ist, wurde nach jedwedem andern justiziablen Vergehen gesucht. Die eigentliche Anklage aber waren die Plakate und die Webseite mit den Namen und Gesichtern der Waffenfirma-Eigentümer in Westernsteckbrief-Manier.

Legitime Anliegen – aber legitime Mittel? Eben diese künstlerisch produktive Ambivalenz steigerte das ZPS noch, als es die Kreuze für Berliner Maueropfer von einer Gedenkinstallation neben dem Reichstag klaute, um sie vermeintlich oder tatsächlich an die EU-Außengrenze zu bringen – zu den Grenzopfern der Gegenwart. Seinen vorläufigen Höhepunkt erreichte das Kriterien-Dilemma als die KunstaktivistInnen die Leiche einer Geflüchteten vor dem Massengrab bewahrten und in Berlin beisetzten – mit all der theatralen Unklarheit des Als-obs.

Teil des Werkzeugkastens, mit dem das Zentrum solche Verunsicherungen erzeugt, ist das immer wiederkehrende Spiel mit Fiktion und Wahrheit. Wie sollen wir uns verhalten, wenn wir gar nicht wissen, auf welcher Grundlage? Ist die *Die Kindertransporthilfe des Bundes* (2014), das syrische Kinder zur Adoption anbietet, tatsächlich eine Initiative der Familienministerin? Befinden sich in den Särgen der Aktion *Die Toten kommen* (2015) wahrhaftig die Leichen ertrunkener Geflüchteter? Wird mit dem Online-Pranger für Neonazis und Hooligans in Chemnitz (*Soko Chemnitz*, 2018) wirklich zur Selbstjustiz aufgerufen?

Falsche Nachrichten

Solche Spiele mit geschickt platzierter Unwahrheit gehören seit langem zum Repertoire des künstlerischen Aktivismus. Der *hoax* ist ein Streich in Form einer Falschmeldung mit dem Ziel, die Massenmedien auf eine falsche Fährte zu locken und so eine Botschaft weitestmöglich zu verbreiten. Der eigentliche Clou dabei ist: Wenn es gelingt, gelangt man gleich zweimal in die Nachrichten. Erst mit der Falschmeldung selbst und dann nochmals, wenn der Streich aufgedeckt wird. Der Akt des Entlarvens ist denn auch der entscheidende Unterschied zu den *fake news* von Trump & Co.: Ziel des künstlerisch-aktivistischen *hoax* ist Aufklärung, nicht Vernebelung.

Zur Meisterschaft gebracht hat diese Strategie das New Yorker Aktivistenduo The Yes Men, bestehend aus Jacques Servin (Pseudonym: Andy Bichlbaum) und Igor Vamos (Mike Bonanno). Mehrere Dokumentarfilme und zahllose Internetvideos zeugen davon, wie sie als vorgebliche ExxonMobil-Messevertreter Kerzen aus Leichenöl von Klimaopfern vorstellen (2007), bei einer Bankenkonferenz den *Acceptable Risk*-Standard anpreisen, der feststellt, wie viele Tote bei der Gewinnmaximierung gerade noch hinnehmbar sind (2005), oder wie sie Managern mit kugeligen Aufblasanzügen namens *SurvivaBalls* das Überleben bei allzu rapidem Klimawandel erleichtern wollen (2006). Zu ihrem Portfolio gehören zudem gefälschte Webseiten der Welthandelsorganisation WTO oder von George W. Bush (beides 1999) sowie eine legendäre, leider nicht wahre Ausgabe der *New York Times* mit ausschließlich guten Nachrichten (2008).

Ihre mit Abstand berühmteste Aktion aber stammt aus dem Jahr 2004. Es war der 20. Jahrestag der Industriekatastrophe im indischen Bhopal, bei der tausende Menschen ums Leben kamen und hunderttausende giftigen Chemikalien ausgesetzt wurden. Der Konzern Union Carbide, dem die schuldige Fabrik gehörte, verweigerte seine Verantwortung; die Betroffenen wurden nie auch nur ansatzweise angemessen entschädigt.

Als der Nachrichtenmoderator von BBC World eine Liveschaltung nach Paris zum Sprecher des Union Carbide-Nachfolgekonzerns Dow Chemical ankündigte, wirkte jener sichtlich nervös. Was an seiner überraschenden Botschaft liegen konnte: »Heute ist ein großartiger Tag für uns alle bei Dow und ich glaube für Millionen Menschen rund um die Welt ebenfalls … Ich freue mich sehr, heute

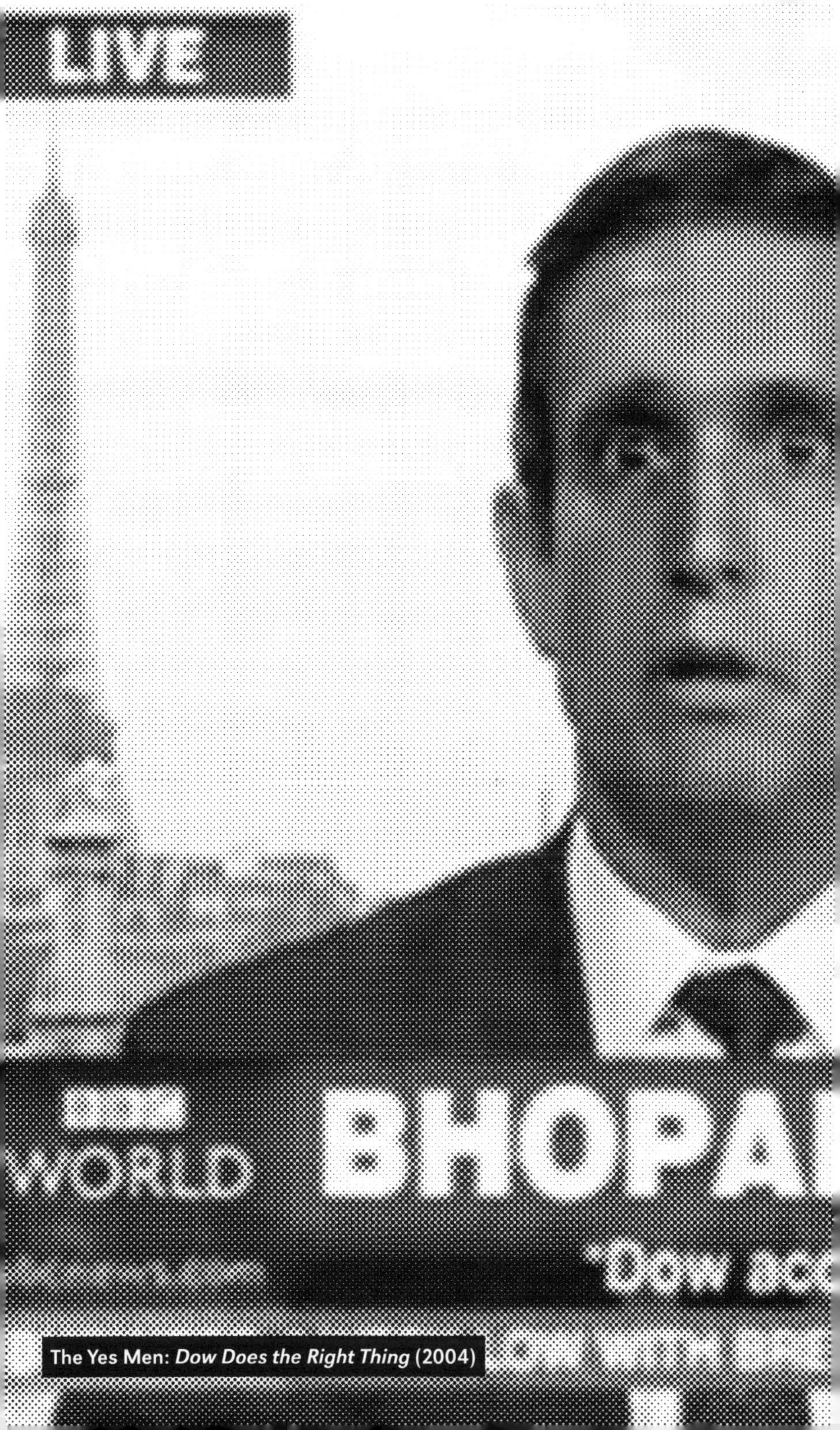

The Yes Men: *Dow Does the Right Thing* (2004)

anzukündigen, dass Dow zum ersten Mal die volle Verantwortung für die Bhopal-Katastrophe übernimmt.« Dafür solle Union Carbide – »dieser Albtraum für die Welt, der Dow Kopfschmerzen bereitet« – vollkommen liquidiert und die Opfer der Katastrophe mit 12 Milliarden Dollar entschädigt werden.

Doch tatsächlich zugeschaltet war Yes Man Jacques Servin unter dem Alias Jude Finisterra, dem es gelungen war, einem der berühmtesten Nachrichtensender der Welt eine falsche Identität zu verkaufen. Es dauerte ganze zwei Stunden bis der unechte Firmensprecher entlarvt wurde – da war der Wert von Dow Chemical an der Wall Street bereits um zwei Milliarden Dollar gefallen. Die Nachricht ging um die Welt. Und dann gleich nochmal, mit sogar noch größerer Reichweite, als bekannt wurde, dass es sich um einen Schwindel handelte. Allein in den USA erschienen rund 600 Presseartikel zum Thema. Die Yes Men hatten den Chemie-Skandal wieder auf die Tagesordnung gesetzt. Der kurzfristige Börseneinbruch von Dow Chemical wurde zum Beweis: Was ethisch richtig ist, wird vom Markt nicht unbedingt honoriert.

Meist jedoch ziehen die Yes Men in weniger hoffnungslose Kämpfe und unterstützen Kampagnen, die erreichbare Veränderungen anstreben, indem sie durch Bloßstellung und Gelächter medienwirksam den Druck auf Firmen oder Institutionen erhöhen, die ihre Rendite auf Kosten von Menschen und Umwelt erwirtschaften. Für die Yes Men – die in tiefem Misstrauen gegen die Kunstwelt und vor allem gegen den Kunstmarkt strikt von sich weisen, irgendetwas mit Kunst zu tun zu haben – ist es wichtig, anschlussfähig zu sein, aufzuklären, aber vor allem auch zum Handeln anzuregen. Seit 2007 gibt ein eigens eingerichtetes Yes-Lab Erfahrungen und entwickelte Methoden an jüngere AktivistInnen und Studierende weiter. Dazu gehören ausgeklügelte PR-Pläne, vor allem aber – wie auch bei der Church of Stop Shopping oder der Clowns Army – Vergnügen und Humor. Auch das ist eine Strategie mit inzwischen eigenem Namen: *laughtivism*.[103]

> Unsere allgemeine »Theorie des Wandels« sieht so aus: Wenn wir Humor als Mittel nutzen, um große Gruppen von Menschen auf Themen zu stoßen, die unterrepräsentiert sind oder (häufiger), uns an Themen ranzuhängen, die gerade Aufmerksamkeit erregen, dann können wir »das Spektrum der Verbündeten« verschieben. Das heißt »passive Gegner« (also Leute die eine gegensätzliche Meinung haben, aber eigentlich nur wegen mangelnder Alternativen, denn eigentlich interessieren sie sich gar nicht dafür) dazu zu bringen, das Thema in neuem Licht zu sehen und »passive Verbündete« und später vielleicht sogar »aktive Verbündete« zu werden. (Dafür müssen sie Wege finden, dem jeweiligen Thema entsprechend, tatsächlich handeln zu können. Das ist einer der Gründe, warum die »Aufdeckung« so sorgfältig geplant sein und immer auf gerade stattfindende aktivistische Initiativen hinweisen muss.) Humor ist mächtig und die vorübergehende Täuschung, die wir betreiben, ist nur dazu da, um den Humor der Aktion zu verstärken und JournalistInnen (und somit LeserInnen) zum Lachen zu bringen. [104] (The Yes Men)

Im deutschsprachigen Raum steht vor allem das Berliner Peng! Kollektiv in der Tradition der Yes Men – mit vorgeblichen Kampagnen des Innenministeriums für den Bau einer Seebrücke übers Mittelmeer (2018), mit falschen Bundeswehrwebseiten, die vor den Gefahren des Kriegs warnen, mit einer Initiative für MitarbeiterInnen der Geheimdienste, aus ihrem Job auszusteigen, oder wenn sie mit Anzug und Rollkoffer eine fiktive Pressekonferenz zum Kohleausstieg des Energiekonzerns Vattenfall veranstalten (alle 2015).

Haltungsdruck

Den Spagat zwischen Kunst und Aktivismus versucht das Zentrum für Politische Schönheit, indem es die künstlerische Ambivalenz seiner Aktionen mit aktivistisch klaren Zielformulierungen und Interpretationshinweisen flankiert. Dass es dabei – in deutlichem Kontrast zu Reverend Billy, Yes Men oder Peng! – meist den

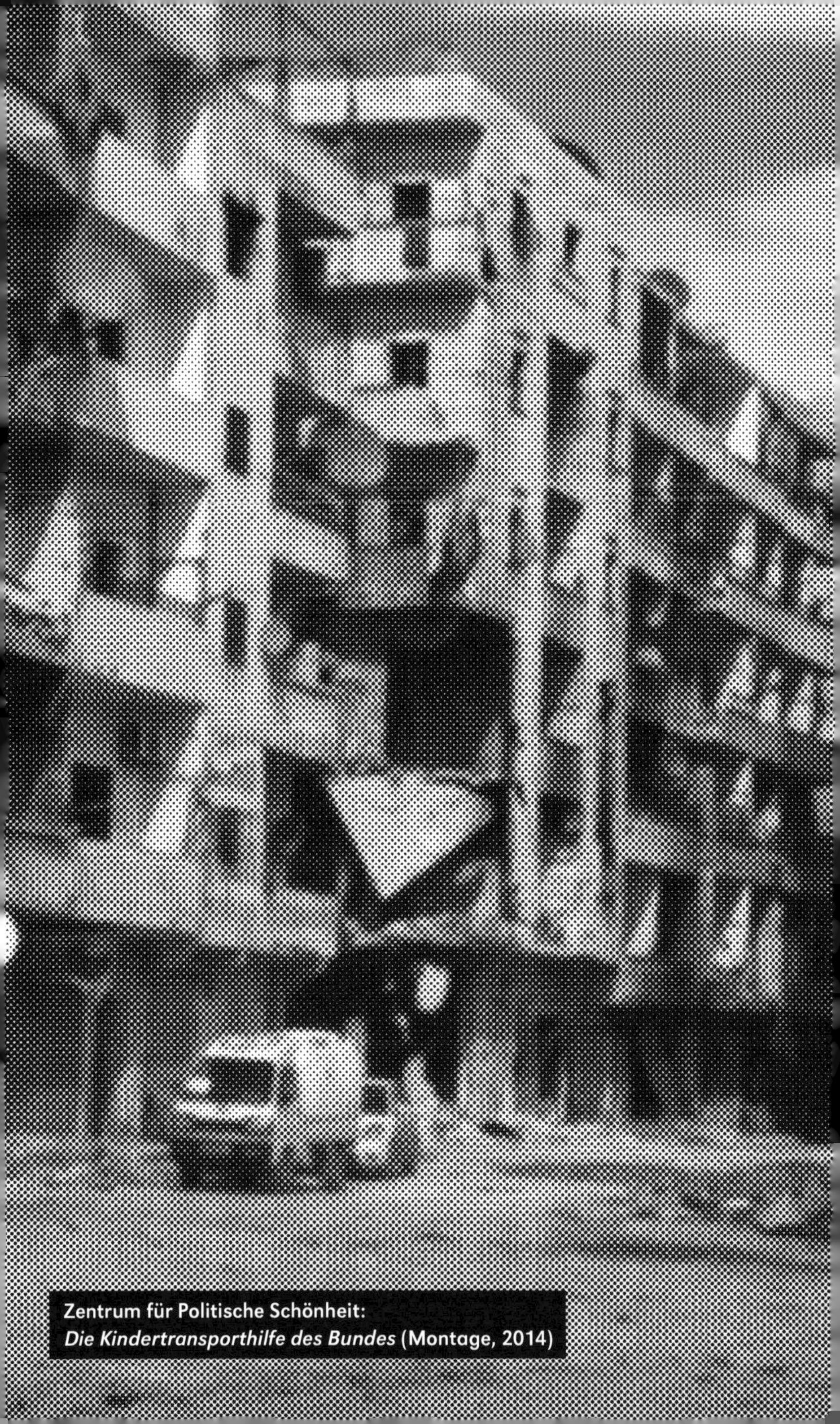

Zentrum für Politische Schönheit:
Die Kindertransporthilfe des Bundes (Montage, 2014)

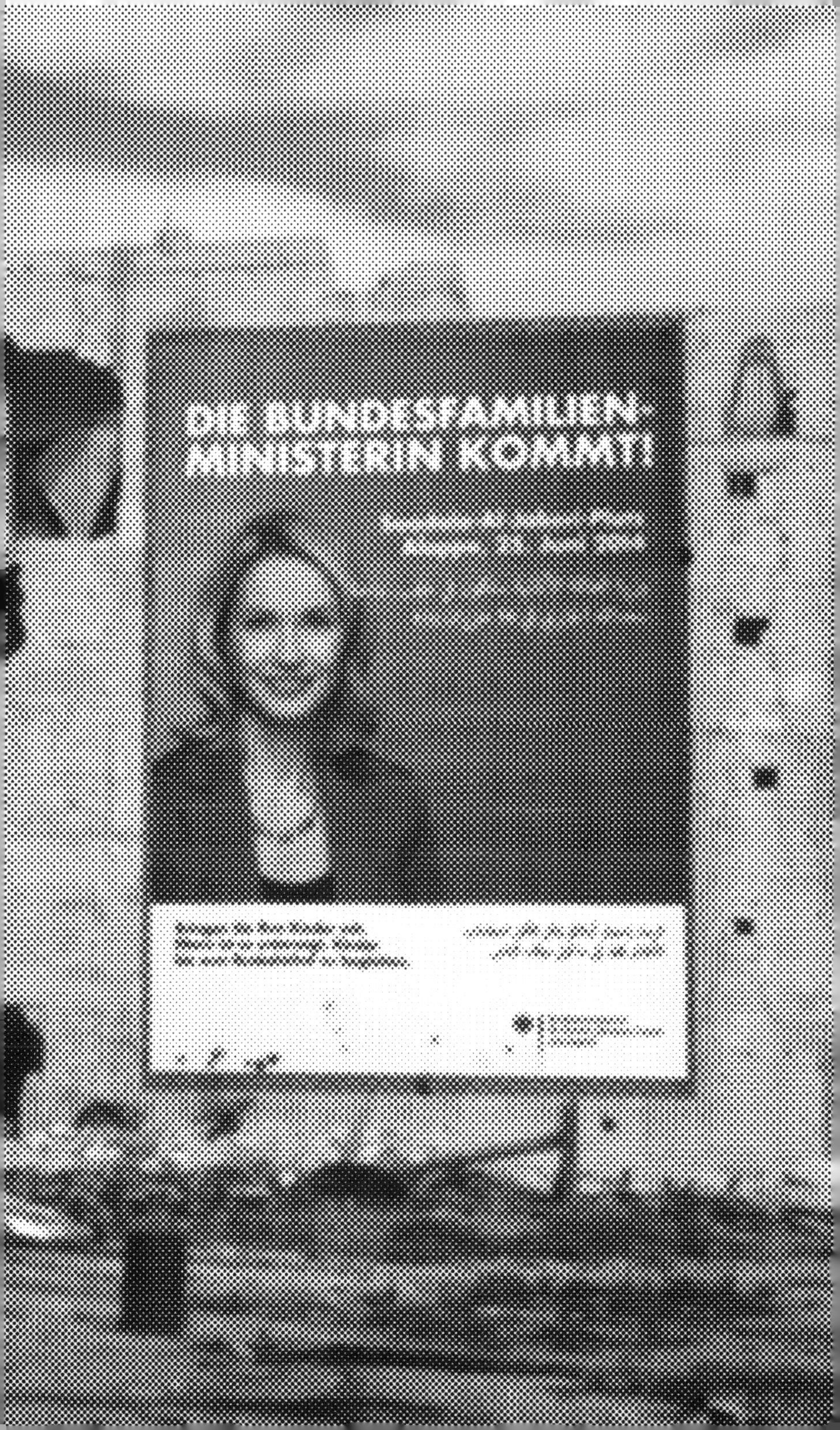
DIE BUNDESFAMILIEN-
MINISTERIN KOMMT!

hohen Ton eines »aggressiven Humanismus« anschlägt, ist letztlich wiederum Teil einer künstlerischen Ambivalenz-Strategie. Denn für viele, gerade prinzipiell ähnlich Gesinnte, ist das vielleicht die größte Provokation: Die Zumutung eines moralisch eingeforderten Einverständnisses. Die selbststilisierende HeldInnenarroganz, der propagandistische Stil fordert Widerspruch heraus, auch da, wo man eigentlich zustimmen möchte. So einfach wird uns die gesellschaftliche Arbeitsteilung nicht gemacht, der Haltungsdruck lässt sich nicht ohne Weiteres in eilfertige SympathiesantInnen-Zuneigung auflösen.

Die Arbeiten des ZPS zielen darauf, kein Sich-Entziehen zuzulassen. Die breite Einbeziehung findet auf der Bühne der Medien statt, für das Zentrum alles andere als ein Nebenspielplatz. Wie für sein häufig zitiertes Vorbild Christoph Schlingensief (mit dessen Arbeit das ZPS ansonsten wenig gemein hat), ist Berichterstattung kein Folgeprodukt, nicht nur ein Ort für Dokumentation oder Kritik, sondern zentraler Bestandteil der Arbeit. Ein Raum, der gestaltet und bespielt wird. Möglichst wenig wird dem Zufall überlassen, JournalistInnen werden gezielt informiert, Material bereitgestellt, eine Interpretations- und Stoßrichtung vorgegeben, damit, wenn die weniger wohl gesonnenen BerichterstatterInnen und KommentatorInnen das Feld betreten, die Sicht des Zentrums selbst nicht untergeht. Damit, wenn die Bühne wieder anderen gehört, ein agonistisches Spiel beginnen kann, bei dem auf Verurteilung Verteidigung und auf Verteidigung Verurteilung folgt. Und das über die verschiedenen Redaktionsgrenzen hinweg: Politik, Feuilleton, Lokales.

Theater ist eine Konstruktion, die Widersprüche von Kunst und Politik nicht nur aushält, sondern von ihnen lebt.

Die Strategie ging bisher verblüffend gut auf. Kaum eine andere künstlerische oder aktivistische Aktion der letzten Jahre hat es in Deutschland geschafft, derartige Aufmerksamkeit weit über die Kulturseiten hinaus auf sich zu ziehen, wie jene des ZPS. Und kaum einer anderen Aktion ist es gelungen, in diesem Ausmaß Themen zu setzen. Genau in einer Zeit, als der Krieg in Syrien von den Titelseiten verschwunden war, genau in einer Zeit, als (vor dem Sommer 2015) Geflüchtete vielfach aus dem Blick gerieten, genau in einer Zeit, als sich gerade keiner sonderlich für den deutschen Waffenhandel interessierte, blieb JournalistInnen nichts anderes übrig, als über die Aktionen des ZPS zu berichten. Und gleichermaßen nutzten JournalistInnen oft aktiv die Möglichkeit, aufgrund der Aktionen des ZPS Themen aufzugreifen, die gerade redaktionsintern auf der Prioritätenliste nach hinten gerückt waren.

Doch nicht nur die Medien sind Beteiligte an den Aufführungen des Zentrum für Politische Schönheit. Ebenso sind es PolitikerInnen, die Stellung beziehen müssen (oder wollen), die nicht nur vom Zentrum zum Reagieren gezwungen werden, sondern umgekehrt auch die Aktionen für ihre eigene Agenda nutzen. Und es sind wir, die LeserInnen, TV-, Facebook-, Twitter-, Instagram-NutzerInnen etc., die wir uns unter Druck gesetzt sehen, ebenfalls Position zu beziehen.

Theater ist eine Konstruktion, die Widersprüche von Kunst und Politik nicht nur aushält, sondern von ihnen lebt. Die Aufführungen des ZPS spielen genau mit dieser produktiven, paradoxen Ambivalenz: Sie führen Momente der Fiktion und widersprüchliche Bilder in die Realität ein und erzeugen so Verschiebungen in der Wahrnehmung, die Möglichkeiten eines Handelns aufzeigen – darin liegt ihr radikales Potential. Genau die Anmaßung des »Wenn nicht wir, wer dann«, diese Provokation nach links und rechts, in Richtung Aktivismus ebenso wie in Richtung Kunst, ist der Kern seiner Arbeit: Eine Bühne zu schaffen und zu bespielen, auf der Gegensätze ausagiert werden, auf der Gesellschaft im Konflikt entsteht und mit ihr ein Moment radikaler Imagination.

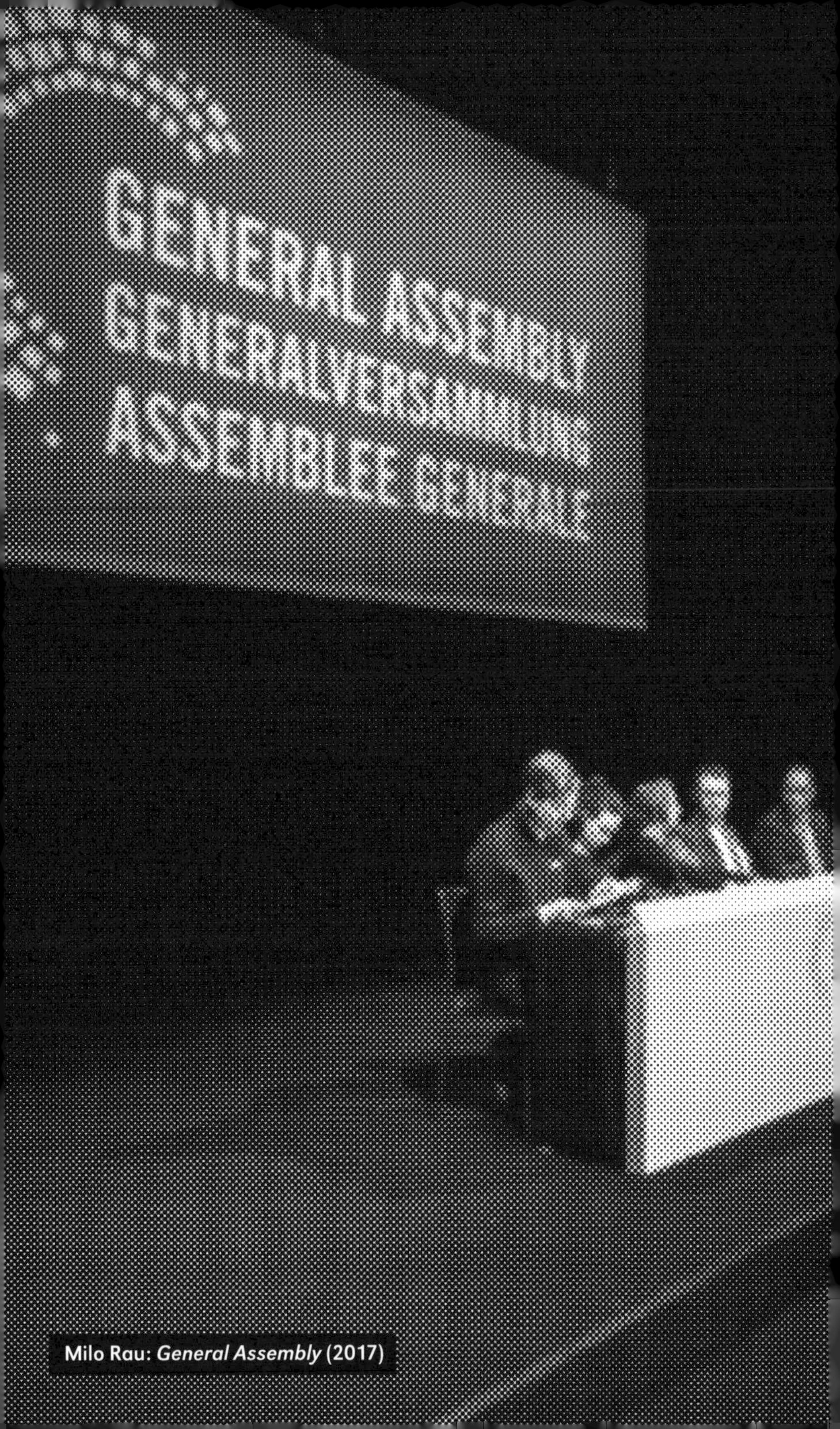

Milo Rau: *General Assembly* (2017)

THEATER ALS VERSAMMLUNG

Es ist ein Augenblick der Wahrheit, als der Schweizer Theaterregisseur und Autor Milo Rau am dritten Tag seiner *General Assembly* (2017) in der Berliner Schaubühne am Lehniner Platz auf die Bühne gerufen wird. Sechzig Delegierte aus aller Welt haben sich versammelt, um zu diskutieren, »wo wir als Weltgemeinschaft stehen und was zu tun ist – sozial, ökologisch, technologisch, politisch«.[105] Ziel ist es, eine »Charta für das 21. Jahrhundert« zu erstellen. Als einer der Versammelten – ein prominenter deutsch-türkischer Erdoğan-Unterstützer – gradheraus den Völkermord des Osmanischen Reiches an den Armeniern leugnet, wird es laut. Die Emotionen kochen hoch, das Theater stößt an seine Grenzen. Einige Teilnehmer verlangen, den Redner rauszuwerfen, andere argumentieren, eine wahrhaft demokratische Diskussion müsse solche Meinungen nun mal ertragen. Schließlich entscheidet Milo Rau, den Delinquenten des Saals zu verweisen – nur um ihn wenig später, nach weiterer Debatte, wieder hereinzurufen.

Diese Episode, am Ende eines künstlerisch wie politisch gleichermaßen ambitionierten Unterfangens, zeigt, dass es um mehr geht, als um eine demokratietheoretische Schulbuchdebatte über die Grenzen der Meinungsfreiheit. Sie macht die dünne Linie sichtbar, die Theater und Politik trennt, aber auch in enge Nachbarschaft bringt: Einerseits sind die sozialen Räume des Theaters ein ideales Dispositiv für politische Experimente. Andererseits wird die Gleichzeitigkeit von Symbolischem und Faktischem, die im Zentrum allen sozial engagierten Theaters steht, in der Welt der Realpolitik zum essentiellen Problem. Theater kann die Trennlinie zwischen Kunst und Politik überschreiten oder verwischen, spielerisch unterlaufen oder gar durchlöchern – niemals aber ignorieren. Diese zuweilen fast unmerkliche Demarkation ist eine der produktivsten Herausforderungen und zugleich eines der wirkmächtigsten Werkzeuge politischen Theaters.

Performative Versammlungen

Gerichtsverhandlungen um Kunstfreiheit, Religion und Zensur, Gipfeltreffen, auf denen um Klimaziele oder Kulturpolitik gerungen wird, Parlamente, in denen jene reden, die sonst nicht zu Wort kommen … – all diese Formate fanden in den letzten Jahren auf unterschiedlichsten Bühnen statt. Theater ist zum Schauplatz zahlreicher gesellschaftlicher Versammlungen auf dem schmalen Grat zwischen Kunst und Wirklichkeit geworden; zu einer demokratischen Arena von Fantasie und Vorstellungskraft. Indem es seinen *unique selling point* als ein Medium nutzt, das temporäre Gemeinschaften erzeugen kann, die durch Raum, Zeit und wechselnde Regeln definiert werden, spiegelt dieses Theater Gesellschaft nicht nur wider, sondern ermöglicht es, soziale und politische Verfahrensweisen auszuprobieren, zu analysieren, zu performen, darzustellen, zu testen, zu strapazieren oder gar neu zu erfinden.

Theater kann die Trennlinie zwischen Kunst und Politik überschreiten oder verwischen, spielerisch unterlaufen oder gar durchlöchern – niemals aber ignorieren.

Die Versammlung, in der Bedeutung wie beispielsweise Occupy Wall Street den Begriff verwendet hat, spielt vor allem bei aktivistischen Bewegungen in anarchistischer Tradition eine zentrale Rolle. Sie markiert einen Bereich des Zusammenkommens, der

Gemeinschaftsbildung, des Entscheidens und des Experimentierens damit, wie Demokratie funktionieren kann. Die *assembly* wird als eine Zusammenkunft verstanden, in der etablierte Hierarchien abgeschafft sind, in der eine andere Art der Entscheidungsfindung nicht nur ausprobiert, sondern konsequent vollzogen wird. Damit steht sie in der Tradition Jean-Jacques Rousseaus, für den – wie die Philosophin Juliane Rebentisch pointiert – Demokratie »vor allem kollektive Selbstregierung [ist]. Ihr Modell ist deshalb nicht das Theater, sondern die Versammlung – also ein Setting, in dem niemand den anderen etwas vormacht oder vorspielt, sondern alle gemeinsam handeln«.[106]

Dennoch haben solche Versammlungen ihre ganz eigene theatralische Ästhetik, beispielsweise den markanten Einsatz von Handzeichen als fortwährende performative Kommentarebene, auf der Zustimmung oder Ablehnung signalisiert wird. Oder, in größeren Zusammenkünften, das *human microphone*, bei dem die Menge im Chor Satz für Satz jede Rede nachspricht und so akustisch, aber auch symbolisch verstärkt. Eine Performance, in der, zumindest theoretisch, jede Position erst einmal von allen wiederholt und damit ernstgenommen wird, unabhängig von der eigenen Auffassung. Tatsächlich kann das *human mic* aber auch eine Machtdemonstration der Masse sein, wenn sie einen Einzelnen, der gerade nicht das Wort hat, unisono übertönt.

Vor allem aber leben solche *assemblies*, wie die Philosophin Judith Butler in ihrer – mit dem *human mic* verstärkten – Rede bei Occupy Wall Street (2011) hervorhob, von ihrer schieren körperlichen Präsenz:

> Es ist wichtig, dass wir als Körper – als die körperlichen Wesen, die wir sind – zusammen in der Öffentlichkeit auftreten, dass wir uns in der Öffentlichkeit versammeln. Wir kommen zusammen auf den Straßen und Plätzen als eine Allianz der Körper. Als Körper leiden wir, benötigen wir Nahrung und ein Dach über dem Kopf; und als

> Körper sind wir aufeinander angewiesen und begehren einander. Das ist das, was hier passiert, eine Politik des öffentlichen Körpers, der Bedürfnisse des Körpers, seiner Bewegungen und seiner Stimme. […] Wir sitzen und stehen, wir bewegen uns und wir sprechen, so wie es unseren Möglichkeiten entspricht, als Wille des Volkes, den die Wahldemokratie vergessen und im Stich gelassen hat. Aber wir sind hier. Und wir bleiben hier und füllen die Formel ›We, the people‹, ›Wir, das Volk‹, mit Leben.[107]

Für Butler sind solche Versammlungen politische Choreografien, bei denen die einzelnen Körper nicht isoliert betrachtet werden können, sondern immer nur in lebendigem Verhältnis zu anderen Menschen, zur Umwelt, zur Infrastruktur.[108] Dabei spielt für sie das performative Potential dieser Zusammenkünfte eine besondere Rolle.

Der Begriff »performativ« verweist einerseits auf die Nähe zur Performance, zum anderen aber steht er, seit John L. Austin in den 1950er-Jahren seine Sprechakttheorie entwickelte, für die Möglichkeit von Sprache und anderen kulturellen Ausdrucksformen, selbst Handlung zu werden und die Wirklichkeit zu verändern: Eine Aussage, die das, wovon sie spricht, selbst erzeugt (wie bei Befehlen, Versprechen, Gerichtsurteilen etc.).[109] In den frühen 1990er-Jahren radikalisierte Judith Butler das Konzept, indem sie Geschlecht als etwas definierte, das durch Reden und Handeln performt und überhaupt erst erzeugt wird: die soziale und kulturelle Kategorie *»gender«* im Gegensatz zur biologischen Kategorie »Geschlecht«. Realität wird so als eine Konstruktion beschrieben, die sich durch fortwährendes Wiederholen und Zitieren verfestigt.[110]

In diesem Sinne liegt die performative Dimension der aktivistischen Versammlung also nicht nur in ihrer Theatralität, sondern vor allem darin, dass sie mehr ist als reiner Protest gegen existierende Formen der Demokratie. Allein durch ihr Stattfinden erzeugt sie eine andere Realität, eine gelebte Alternative. Sie ist nicht nur Forderung, sondern auch konkretes Tun: »So beginnt im Idealfall eine Allianz damit, die Gesellschaftsordnung zu inszenieren, die sie durchsetzen will, indem sie ihre eigenen Formen der Soziabilität etabliert.«[111] Genau das gerät oft in Vergessenheit, wenn Bewegungen wie Occupy Wall Street vorgeworfen wird, keine konkreten Forderungen zu stellen. Ihre Wirkmacht liegt vor allem darin, schon in ihrer Form und ihrem Stattfinden ein Vorschlag für eine andere Demokratie zu sein.

Das Risiko allerdings ist, sich genau damit bereits zufrieden zu geben, das Temporäre, das Fragile zu romantisieren, sich auf den eigenen Lorbeeren auszuruhen, wenn auf die Euphorie des Protests doch die Mühen der Ebene folgen müssten. Der Philosoph Slavoj Žižek hat davor in seiner (ebenfalls mit dem *human mic* vorgetragenen) Rede bei Occupy Wall Street gewarnt:

> Es gibt eine Gefahr. Verliebt euch nicht in euch selbst. […] Es kommt auf den Tag danach an, wenn wir in unser normales Leben zurückkehren müssen. Wird es dann Veränderungen geben? Ich will nicht, dass ihr euch an diese Tage so erinnert wie »Oh, wir waren jung und es war großartig.«
>
> […] Es liegt ein langer Weg vor uns. Wir sind mit wirklich schwierigen Fragen konfrontiert. Wir wissen, was wir nicht wollen. Aber was wollen wir? Welche soziale Organisation kann den Kapitalismus ersetzen? Welche Art neuer Anführer wollen wir? […]
>
> Das einzige, wovor ich mich fürchte, ist, dass wir eines Tages einfach nach Hause gehen … und dann treffen wir uns einmal im Jahr, trinken Bier und erinnern uns nostalgisch daran, was für eine schöne Zeit wir hier hatten. Gebt euch selbst das Versprechen, dass das nicht der Fall sein wird.[112]

Vor Selbst- und Authentizitätsromantisierung ist auch das Theater nicht gefeit. Aber da es sich nach Authentizität ebenso sehnt wie es ihr misstraut, kann es komplexe Zwischenpositionen beziehen und der Rousseau'schen Repräsentationsskepsis ein raffiniertes Sowohl-als-auch entgegensetzen, das ein ganz eigenes – künstlerisches und politisches – Potential entfaltet, indem es ermöglicht, teilzuhaben und sich gleichzeitig von außen zu beobachten. Wo die Rousseau'sche Versammlung glaubt, Repräsentation vermeiden zu können, treibt die theatrale mit ihr ein verschachteltes Spiel. So gesehen ist Brechts V-Effekt keine Erfindung, sondern die Entdeckung dessen, was Theater in seinem Kern ausmacht.

Diese spezifische Eigenschaft der Gleichzeitigkeit von Realem und Fiktion, von Eigentlichem und Symbolischem ist das wahre Pfund des Theaters, wenn es um die Frage des Politischen geht. Zugleich ist sie die Scheidegrenze zwischen aktivistischer und theatraler Versammlung. Und nicht selten Anlass für Missverständnisse oder gar Verärgerung, wenn der Glaube an Authentizität auf das Paradox einer zugleich realen wie fiktiven Situation trifft.*

Parlamente, Gipfeltreffen, Gerichtssäle

Ein kulissenhaft stilisiertes Parlamentsrund in den Berliner Sophiensælen im Rahmen der 7. Berlin Biennale erinnert im Kleinen an das bekannte Setting der Vereinten Nationen. Das Publikum sitzt – ein Gerüst aus simplen, aber präzisen Kanthölzern mit aufgespannten Fahnen im Rücken – um einen Innenkreis aus Stehpulten. Es geht um Selbstbestimmungsrechte, demokratische

* Das von dem Hamburger Kollektiv geheimagentur initiierte und gestaltete Projekt *The Art of Being Many* (2014) beispielsweise war einer der ambitioniertesten Versammlungsversuche im Bereich des Theaters – und scheiterte, wie geheimagentur-Mitglied Sibylle Peters hinterher analysierte, an genau dieser Grenze zwischen Aktivismus und Theater. Die unterschiedliche Vorstellung vom Potential und Wesenskern von Versammlungen waren letztlich nicht vereinbar, der Spagat zwischen größtmöglicher Offenheit und gleichzeitig klaren künstlerischen Setzungen ließ viele der versammelten AktivistInnen aus verschiedenen europäischen Ländern sich »abgeschnitten fühlen von einer Unmittelbarkeit, die für sie wesentlich für eine wahre Versammlung schien«[113].

Reformen, aber auch um gewaltsamen Widerstand und gesetzliche Grundlagen des »*War on Terror*«. Die RednerInnen: ein Tuareg aus Azavad, eine Repräsentantin der kurdischen Frauenbewegung in Rojava, Sprecher der demokratischen Front der Philippinen und der tamilischen Befreiungsbewegung auf dem Gebiet Sri Lankas, zwei New Yorker Anwältinnen von Guantanamo-Häftlingen.

Seit 2012 gehören die *New World Summits* des niederländischen Künstlers Jonas Staal zu den konsequentesten künstlerischen Ansätzen, sich den Herausforderungen von Partizipation und Diversität zu stellen. Sie eröffnen alternative politische Räume in Form quasiparlamentarischer Versammlungen, in denen Menschen aufeinandertreffen, die sonst vom demokratischen Diskurs ausgeschlossen sind: RepräsentantInnen von Organisationen – meist Unabhängigkeitsbewegungen –, die in vielen Ländern als terroristische Vereinigungen gelistet sind. Für Jonas Staal sind solche Listen nicht zuletzt ein Werkzeug ökonomischer und geopolitischer Interessen, eine Instrumentalisierung der Anschläge vom 11. September 2001, denen seither fast alle anderen Themen auf den politischen Agenden des Westens untergeordnet wurden.

Da sich das Theater nach Authentizität ebenso sehnt wie es ihr misstraut, kann es komplexe Zwischenpositionen beziehen.

Bei den *New World Summits* gibt es intensive und berührende Momente, in denen politische Narrative zu hören sind, die sonst meist verdrängt werden. Eine radikale Vorstellung von Demokratie wird greifbar. Es gibt aber auch verstörende Augenblicke des Widerspruchs oder gar Ärgers. Offensichtlich werden die teilnehmenden Organisationen nicht nach Kriterien politischer Korrektheit ausgewählt. Mit einigen, wie der kurdischen Frauenbewegung, fällt einem liberalen Publikum die Identifikation vermutlich leicht, während die Ziele anderer schlichtweg inakzeptabel scheinen mögen, beispielsweise wenn es um die Verteidigung von Nationalismus, Gewalt, Patriarchat oder Hierarchien in Unabhängigkeitskämpfen geht. Der *New World Summit* heißt stets sehr unterschiedliche Organisationen willkommen, es wird kein Rat erteilt, wie man sie zu bewerten hat oder sich in Beziehung setzen kann. Die einzige Klarheit liegt in der Kritik an westlichen Demokratien, deren Existenz auf undemokratischer, heimlicher und nicht selten – nach ihren eigenen Standards – illegaler Ausgrenzung dessen beruht, was nicht ins Schema passt. Dieser Gipfel behauptet mit den Mitteln der Kunst einen Ort progressiver Fantasie, der »politischer ist, als die Politik selbst«. Einen Ort, an dem »das Versprechen einer emanzipatorischen, fundamentalen Demokratie Form annehmen kann.«[114]

Für Jonas Staal bergen solche performativen Versammlungen (im Sinne Judith Butlers) die Chance einer neuen Kollektivität: einer Praxis, bei der Kunst, Theater, Performance, Aktivismus und Politik zusammenkommen und die er *assemblism* nennt.[115] Einerseits sind diese Versammlungen künstlerische Setzungen, andererseits stehen sie in direkter Verbindung mit sozialen und politischen Bewegungen, denen sie ihr künstlerisches Potential zur Verfügung stellen: »Wir können mithelfen, jene neuen Kampagnen zu gestalten, jene neuen Symbole und jene populären Poesien, die notwendig sind, um das Entstehen eines radikal kollektiven Imaginären zu unterstützen.«[116] Genau dieses Herstellen von Bildern, einer visuellen Sprache, markiert das Verhältnis zwischen Realem und Symbolischem in Jonas Staals Arbeit – oft als subtiles Spiel, wenn beispielsweise die Fahnen, die den oben skizzierten *New World Summit* in Berlin 2012 umrahmen, nach Farben und nicht nach politischer oder geografischer Nähe sortiert sind. Auch das jeweils neu gestaltete Setting der *Summits* bleibt stets artifiziell und unverkennbar eine künstlerische Versuchsanordnung, die ihren bei aller Detailgenauigkeit doch provisorischen Charakter offen ausstellt.[117]

Dass der *New World Summit* eine besonders intensive Beziehung zur selbstverwalteten Region Rojava in Nordsyrien hat, ist kein Zufall: Das Modell einer »staatenlosen Demokratie«, die Nationalstaatkonzepte als koloniales Erbe ablehnt und stattdessen auf lokale

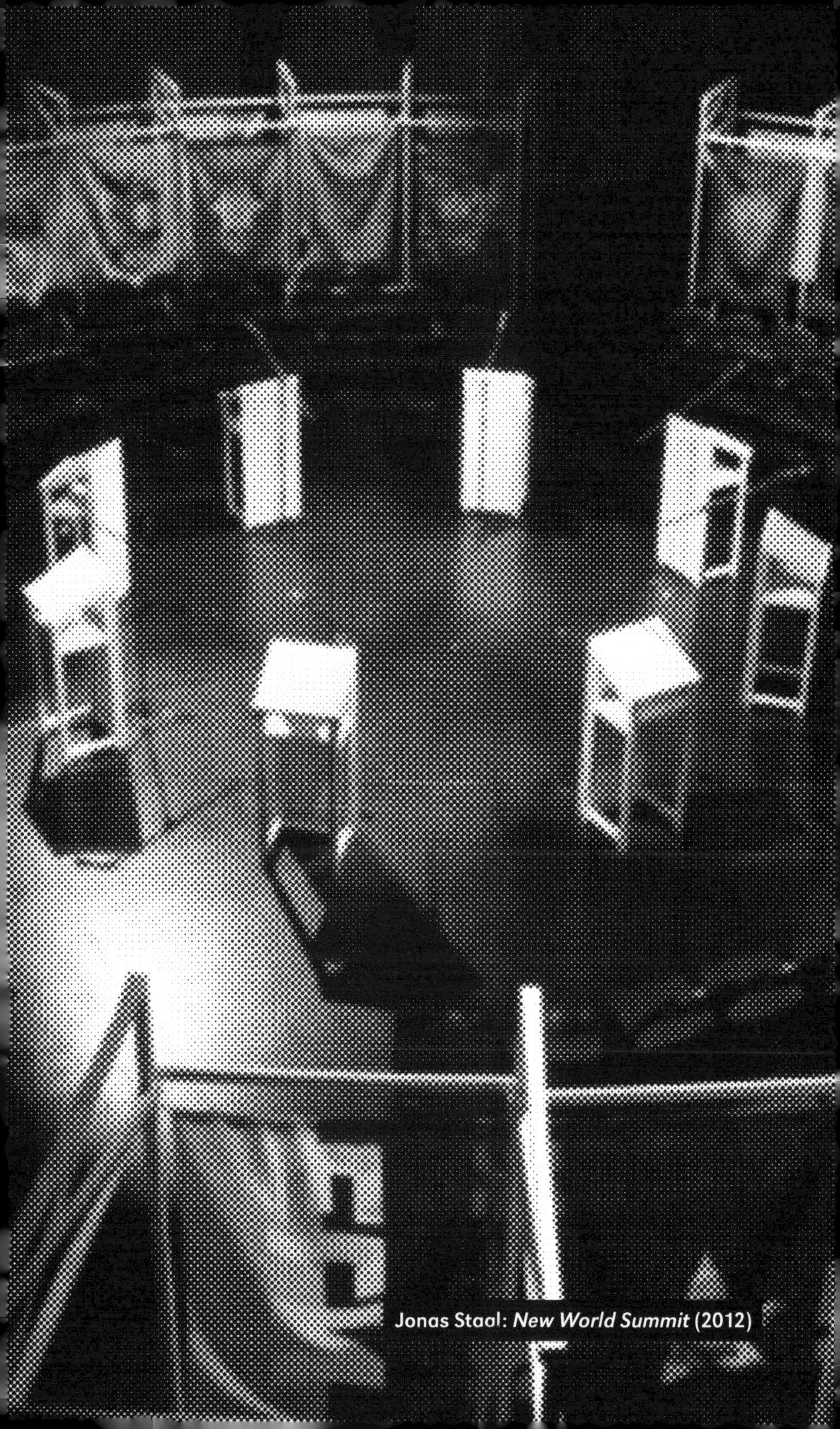

Jonas Staal: *New World Summit* (2012)

Selbstregierung, Geschlechtergerechtigkeit und kommunale Ökonomie setzt, deckt sich in ihrer radikalen Vision mit den Vorstellungen Staals. Und so wurde dort das Temporäre zum fragil Dauerhaften: Im Auftrag der autonomen Selbstverwaltung von Rojava – bestehend aus Kurden, Arabern, syrischen Christen sowie allen anderen auf dem Gebiet lebenden ethnischen Gruppen – baute er mit seinem Team ein öffentliches, offenes Parlamentsgebäude, das im April 2018 in Derîk eingeweiht wurde. Dieses Parlament ist ebenso Symbol für einen fast utopischen Gesellschaftsentwurf in einer sehr prekären, kriegsbedrohten Situation wie auch ein konkreter öffentlicher Raum, der von allen lokalen Gruppierungen für politische Versammlungen und kulturelle Veranstaltungen genutzt werden kann. Es ist »sowohl ein räumliches Manifest der Rojava-Revolution als auch ein konkreter Ort, an dem deren Ideale tagtäglich praktiziert werden«.[118]

General Assembly ist nicht die erste Arbeit von Milo Rau, die das Theater als Medium für eine politische Versammlung nutzt: Bereits in den Jahren zuvor inszenierte er eine Reihe von Gerichtsverfahren mit den Mitteln der Kunst; Veranstaltungen, die – wie *Das Kongo Tribunal* (seit 2015, Dokumentarfilm 2017), das den dort andauernden Krieg und seine Verbrechen untersucht – geradezu Textbuchbeispiele eines agonistischen Theaters im übertragenen Sinne der Theorie von Chantal Mouffe sein könnten.

In *Die Moskauer Prozesse* (2013, Dokumentarfilm 2014) entwarf Rau ein theatrales Setup, um drei traumatische Gerichtsverhandlungen gegen russische KünstlerInnen und KuratorInnen noch einmal aufzurollen: Die Verfahren gegen die Ausstellungen *Vorsicht, Religion* (2003) und *Verbotene Kunst* (2006) sowie gegen das feministische Punk-Kollektiv Pussy Riot (2012). ProtagonistInnen der tatsächlichen Fälle und andere damit verbundene Menschen wurden im Setting eines intimen Gerichtssaals, eingerichtet im Moskauer Sacharow-Zentrum, miteinander konfrontiert. KuratorInnen, KünstlerInnen, KritikerInnen fochten auf der einen Seite für die

Freiheit der Kunst, auf der anderen Seite kämpften Journalisten, orthodoxe Aktivisten und Priester für das Primat der Religion. Die Anklage wurde vom nationalistischen Parlamentsabgeordneten und Fernsehmoderator Maxim Schewtschenko vertreten (der später auch Delegierter der *Generally Assembly* war), die Verteidigung übernahm die Kunsthistorikerin und Kuratorin Ekaterina Degot. Die Jury war möglichst proportional zur politischen Verteilung im Land besetzt.

Die *Moskauer Prozesse* waren eine kleine Versammlung auf engem Raum. Denn auch wenn der gleichnamige Dokumentarfilm eine ungleich größere Zuschauerschaft hatte: Das zentrale theatrale Ereignis, der Kern des künstlerischen und politischen Geschehens, fand im Sacharow-Zentrum statt – dem tatsächlichen Schauplatz der 2003 wegen Anstiftung zu religiösem Hass verbotenen Ausstellung *Vorsicht, Religion.* Für drei Tage wurde es zum Theater und zu einem realen Raum, in dem radikal unterschiedliche Meinungen auf eine Weise ausgetauscht wurden, die außerhalb des künstlerischen Settings längst nicht mehr möglich war. Vor dem Publikum, das größenteils persönlich ebenso involviert war wie die PerformerInnen, entschied sich die Jury am Ende – mit kleinstmöglicher Marge – für die Unschuld der Kunst.

Gerichtsverhandlungen gehören – neben parlamentarischen Konstellationen – zu den beliebtesten dramaturgischen Modellen für ein Theater der Versammlung.

So gehören Gerichtsverhandlungen – neben parlamentarischen Konstellationen – zu den beliebtesten dramaturgischen und architektonischen Modellen für ein Theater der Versammlung.* Das Berliner

* Neben Parlamenten und Gerichtsverhandlungen gibt es diverse andere künstlerische Anleihen bei existierenden Versammlungsformaten, beispielsweise bei politischen Parteien: Christoph Schlingensiefs *Chance 2000* (1998) wurde über selbstorganisierte Landesverbände gegründet, durch zahlreiche lokale DirektkandidatInnen unterstützt und trat tatsächlich zur Bundestags-

Haus Bartleby initiierte am Wiener brut-Theater ein *Kapitalismustribunal* (2016), bei dem über fünfzig WissenschaftlerInnen, AktivistInnen, JuristInnen und ÖkonomInnen rund 500 mutmaßliche Verbrechen im Namen des europäischen Kapitalismus zur symbolischen Anklage brachten.[119] Der Schweizer Performancekünstler Yan Duyvendak und der katalanische Regisseur Roger Bernat zerrten in *Please, Continue (Hamlet)* (2014) den Dänenprinzen wegen des Mordes an Polonius vor eine Reihe von Theatergerichten mit jeweils unterschiedlichen, echten RichterInnen, VerteidigerInnen und lokalen SchöffInnen. Die kroatischen Regisseurinnen Tea Tupajić und Petra Zanki stellten in *The Curators' Piece (A Trial against Art)* (2011) internationale TheaterkuratorInnen als Verteidiger der Kunst auf die Bühne und verfolgten damit einen vergleichbaren Ansatz wie *A Crime Against Art* (2007) mit ProtagonistInnen der

---

wahl 1998 an – allerdings wurde sie von außen wie von innen meist eindeutig als Kunstprojekt wahrgenommen. Die 44tägige Großperformance *United Estonia* (2010) des estnischen Theaters NO99 hingegen war als reine Fiktion und Inszenierung konzipiert, wurde aber von vielen als reale populistische politische Kraft missverstanden. Zur Abschlussveranstaltung kamen mehr als 7500 Menschen, und politische AnalystInnen sagten für den Fall einer echten Parteigründung gar einen möglichen Stimmenanteil von 20 Prozent voraus – während *Chance 2000* bei den Bundestagswahlen 1998 kaum mehr als 0,05 Prozent erhielt.

Andere künstlerische Versammlungen orientieren sich an Gameshows oder Wettkampf-Sendungen des Fernsehens: Zu den eindrücklichsten agonistischen Performances der letzten Jahre gehört *illumiNation* (2012) der ungarischen Kompanie Krétakör (konzipiert von Márton Gulyás und Árpád Schilling). Zwei Tage lang wurde im Rahmen der 7. Berlin Biennale und unter großer Beteiligung des (überwiegend exil-ungarischen) Publikums oft tumultartig darüber gestritten, welches Monument am besten die ungarische Identität verkörpere. Ein Fachbeirat – bestehend aus prominenten politischen ProtagonistInnen von links bis weit rechtsaußen – durfte nicht selbst abstimmen, sondern die eigentliche Jury nur beraten. Die aber bestand aus ziemlich ahnungslosen jungen Deutschen, die über eine Arbeitsloseninitiative vermittelt worden waren …

bildenden Kunst, organisiert vom Künstler Anton Vidokle und dem Kurator Tirdad Zolghadr im Rahmen einer Madrider Kunstmesse. Die Reihe ließe sich fortsetzen.

Politisch inspiriert sind solche Arbeiten unter anderem vom zivilgesellschaftlichen Tribunal gegen US-Kriegsverbrechen in Vietnam, das der Mathematiker und Philosoph Bertrand Russell 1966 ins Leben rief. Und künstlerisch? Unter anderem wohl von Brechts Lehrstücken, aber auch vom populären Agitationstheater der frühen Sowjetunion, das oft die Form von Gerichtsverhandlungen annahm. Teils so verblüffend realistisch, dass es allerdings in klarem Gegensatz zu Brechts Distanz-Diktum stand: Walter Benjamin, der 1926 zufällig einer solchen Inszenierung in einem Moskauer Bauernklub beiwohnte, zeigt in seinem *Tagebuch*, wie sehr sich dabei Realität und Fiktion immer mehr vermischten – bis später die Politik den Spieß endgültig umdrehte und mit den stalinistischen Schauprozessen echte Gerichtssäle in (unechte) Theaterräume verwandelte.[120]

Kunst nicht *im* öffentlichen sondern *als* öffentlicher Raum – um eine Unterscheidung der Kuratorin Miwon Kwon zu verwenden –, das ist vielleicht das wichtigste Anliegen politischen Theaters.[121] Dabei muss dieser öffentliche Raum nicht auf den physischen Ort der Performance beschränkt bleiben, wie bereits an Beispielen wie den Yes Men, dem Zentrum für Politische Schönheit oder dem Peng! Kollektiv zu sehen war. Auch Milo Raus Gerichtsverhandlungen vergrößerten die Bühne weit in den Raum der Nachrichten hinein, wo die Diskussion über Politik und Kunst fortgesetzt wurde. Eine solche Nutzung der Medien geht deutlich über die übliche PR-Arbeit hinaus und ist Teil der künstlerischen Strategie.

Eine schlichte, zugleich aber sehr bildmächtige Setzung in diesem Sinne war die Performance *Standing Man* des Choreografen Erdem Gündüz im Juni 2013 auf dem Taksim-Platz in Istanbul. Zu einem Zeitpunkt, an dem die türkischen Medien die Proteste gegen den Abriss des Gezi-Parks meist totschwiegen und öffentliche Versammlungen sofort aufgelöst wurden, stand Gündüz alleine vor dem Standbild des Staatsgründers Kemal Atatürk: Eine zivile Mahnwache für eine abwesende, brutal zerstreute Zusammenkunft.[122] Gündüz' erst einzelner, dann zunehmend von anderen Mit-SteherInnen umgebener und so zu einer neuen Versammlung erweiterter Körper wurde zu einem Symbol des Widerstands, das – um noch einmal Butlers Worte zu verwenden – »den Körper in die Mitte des politischen Feldes rückt«[123]. Ein Körper, der von fern an andere ikonische Widerstandsbilder erinnerte, allen voran an den unbekannten Mann, der sich 1989 den Panzern auf dem Pekinger Platz des Himmlischen Friedens in den Weg stellte.

Dass Theater zu Orten politischer Versammlung, Revolten oder gar Revolutionen werden, hat eine lange Tradition. Dem »liegt die Beobachtung einer gewissen Ähnlichkeit theatralen und politischen Handelns zugrunde, die Annahme einer prinzipiellen Vergleichbarkeit der Bretter, die die Welt bedeuten, mit dem öffentlichen Raum der Politik«, wie Oliver Marchart feststellt.[124]

Die Brüsseler Revolution von 1830 nahm ihren Ausgang im Théâtre de la Monnaie als nach einer Vorstellung der romantisch-nationalistischen Oper *Die Stumme von Portici* das Publikum nach Freiheit rief und gleich losmarschierte. Das bürgerliche Publikum identifizierte sich mit dem stummen und übel betrogenen Fischermädchen auf der Bühne und erhob die Stimme, die der Protagonistin fehlte. »Das Theater war zur Versammlung geworden«, wie John Jordan schreibt, »und der Funken, der Ort und das Ereignis, mit dem der Aufstand begann.«[125]

In die entgegengesetzte Richtung führte der Weg im Mai 1968, als ein anderes, aber durchaus auch bürgerliches Publikum – darunter Künstler wie Julian Beck und Judith Malina vom New Yorker Living Theatre – von der Straße ins Pariser Odéon-Theater zog, um es zu besetzen: »Die Aktion richtet sich gegen keine Person und gegen kein Repertoire, sondern gegen eine bürgerliche Kultur und ihre theatrale

Repräsentation.«[126] Statt Vorstellungen gab es nun Versammlungen und Diskussionen rund um die Uhr: »7 x 24 = 168 Stunden die Woche«, wie der entmachtete Direktor Jean-Louis Barrault vermerkte.[127]

Man kann Theater besetzen – oder man kann neue gründen. Als Mahnmal, als utopischen Ort oder zumindest als eine manifeste Forderung. Das Black Tent-Public Square Theatre, das Anfang 2018 auf dem Gwanghwamun-Platz in der südkoreanischen Hauptstadt Seoul errichtet wurde, war ein solches Symbol: Gegen eine korrupte Regierung, gegen das Verschweigen von Armut und Arbeitslosigkeit, gegen die immer stärker drückende Zensur. Das gut sichtbare schwarze Zelt war der Beitrag einer breiten Koalition von TheatermacherInnen zu den monatelang allsamstäglich stattfindenden Demonstrationen; entstanden aus der Entrüstung über das Bekanntwerden einer – lang vermuteten – schwarzen Liste der Regierung, die rund 9 000 KünstlerInnen aufzählte, denen sowohl jede öffentliche Förderung als auch jeder Auftritt in subventionierten Häusern zu verweigern sei.

Geleitet von Lee Hae-Sung und der Kompanie Gorae war das Schwarze Zelt bewusst ein temporärer Ort, der nur solange bespielt wurde, bis die Präsidentin Park Geun-hye endlich zurücktrat und etwas später zu jahrzehntelangen Haftstrafen verurteilt wurde. KünstlerInnen aller Disziplinen beteiligten sich am Public Square Theater sowohl finanziell als auch und vor allem mit zahlreichen Inszenierungen, die deutlich politischer waren als das, was sonst an den großen Theatern des Landes zu sehen war. Wichtig war dabei der Schulterschluss mit anderen Teilen der Bevölkerung – darunter den Hinterbliebenen der über 300 meist jugendlichen Menschen, die bei einem großen, nie wirklich aufgearbeiteten Fährunglück 2014 ums Leben kamen. Aber auch die weitgehend verschwiegene Situation von Arbeitslosen, die zunehmende Armut oder die noch immer offene Wunde jener Frauen, die während des Zweiten Weltkriegs vom japanischen Militär zwangsprostituiert und zynisch-eu-

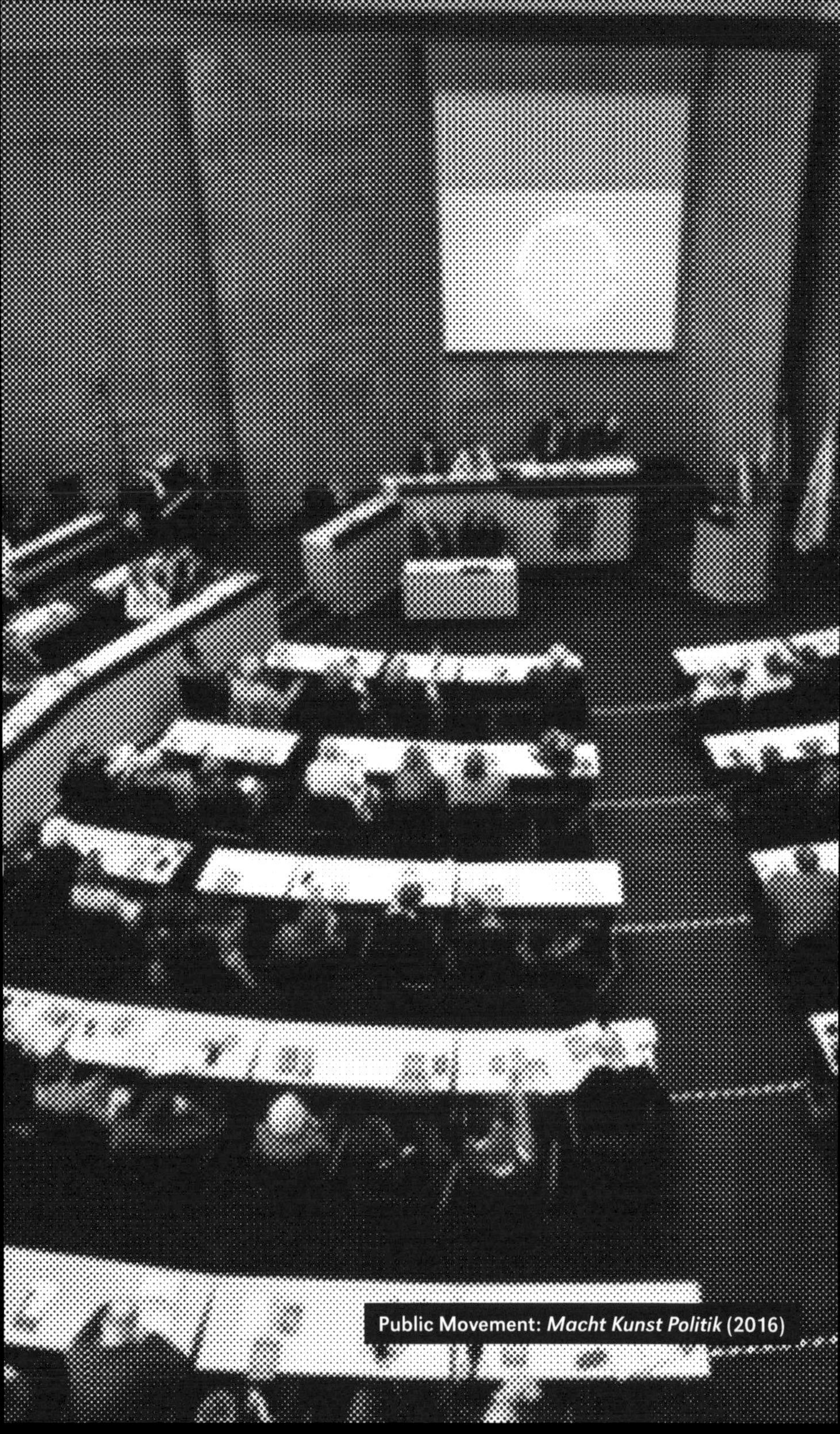

Public Movement: *Macht Kunst Politik* (2016)

phemistisch »Trostfrauen« genannt wurden, waren wichtige Themen. Zwei Monate lang war das improvisierte Theater – von einer breiten künstlerischen Allianz getragen – trotz Lärm und Kälte nicht nur ein öffentlicher Raum, sondern zugleich die Arbeit an einem Modell davon, was Theater sein könnte und sollte.[128]

Preenactments

Während Staals *New World Summit* jene repräsentiert, die von demokratischer oder rechtsstaatlicher Vertretung ausgeschlossen sind, rückte das Parlamentsprojekt *Make Arts Policy! (Macht Kunst Politik!)* der israelischen KünstlerInnen- und Forschungsgruppe Public Movement gewählte RepräsentantInnen ins Rampenlicht.

Seit mehr als zehn Jahren untersucht und inszeniert die von Dana Yahalomi und Omer Krieger gegründete und inzwischen von Yahalomi allein geleitete Gruppe politische Aktionen und öffentliche Choreografien, Formen sozialer Organisation, öffentliche und geheime Rituale, die sie selbst als *preenactments* möglicher Rituale der Zukunft bezeichnen. Wie Oliver Marchart beschreibt, wurde eines ihrer choreografischen Rituale 2011 tatsächlich Teil der sozialen Proteste in Israel und erwies sich so als »künstlerische Antizipation eines politischen Ereignisses, das erst stattfinden wird«:

> Das Pre-Enactment wird gern als eine Art Prä-Formanz eines künftigen politischen Ereignisses dargestellt. Ich möchte darum vorschlagen, den Begriff als Bezeichnung für die künstlerische Vorwegnahme eines künftigen politischen Ereignisses zu verwenden. Allerdings kann diese Vorwegnahme nicht durch bloße Extrapolation aus wohlbekannten zeitgenössischen Tendenzen geschehen (wie beim Durchspielen von Science-Fiction-Szenarien). Im Feld der Politik kann niemand vorhersehen, was die Zukunft bringt: Es ist unklar, wo und wann soziale Konflikte ausbrechen. Das künstlerische Pre-Enactment könnte demnach unter die Kategorie der *Probe* subsumiert werden –

> der Probe eines künftigen politischen Ereignisses. Insofern dieses Ereignis jedoch unbekannt ist, kann das Pre-Enactment – mit seinem vollkommen offenen Ausgang – bestenfalls die Probe eines vollkommen unbestimmten Ereignisses sein: des Ereignisses des *Politischen*. Deshalb sollte man sich Pre-Enactments vielleicht weniger als Proben im strengen Sinn des Wortes vorstellen (so als könnte es ein endgültiges Skript für ein künftiges politisches Ereignis geben), sondern als Übungseinheiten. Derartige Einheiten dienen dazu, sich die Fähigkeiten anzueignen, die man im Umgang mit dem »eigentlichen Ereignis« benötigt, wenn dieses eintritt. So gesehen ist das Pre-Enactment das, was in der Welt des klassischen Balletts das Einüben grundlegender Bewegungen an der Stange ist: die Aufwärmübung für etwas, das eintreten kann, aber nicht muss. Falls es eintritt, kann eine künstlerische Intervention an einer Schnittstelle in das kollektive Protestformat einer sozialen Bewegung umschlagen.[129]

In diesem Sinne war *Make Arts Policy!* der Versuch, eine andere Art des Redens über Kulturpolitik anzuschubsen: eine protokollarische Choreografie mit KulturpolitikerInnen aller Couleur, mit per Video aus einem Nebenraum verbundenen KulturexpertInnen und dem Publikum, als Wählerschaftsvertretung, im Plenarsaal. Die künstlerischen Eingriffe waren dezent: Stuhlwechsel der PolitikerInnen, farbige Kärtchen für die Einmischung aus dem Parkett, musikalische Unterbrechungen, Spielregeln als dramaturgisches Korsett. Minimale Interventionen, die den theatralen Kontext markierten und Distanz einforderten.

Denn darum ging es: politische Rituale klarer zu sehen und zugleich die inhaltlichen Unterschiede in der Kulturpolitik zu schärfen und sie so für einen Augenblick aus ihrer weithin unbeachteten Nische zu holen. Schließlich spielen die Kulturetats in öffentlichen Haushalten fast überall bestenfalls eine Nebenrolle – die eigentlichen Rahmenbedingungen für Kunst und Kultur werden in den anderen Ministerien entschieden.

Wie wichtig ist Kunst also – jenseits üblicher Lippenbekenntnisse – für die Gesellschaft, aber auch für die PolitikerInnen, die diese vertreten? Welche Rolle kann, soll, darf sie spielen? Gibt es oder braucht es eine Leitkultur, vielleicht gar eine »Leitkunst«? Welches Verhältnis haben Politik und Kunst? Darf die Politik gesellschaftliche Aufgaben an die Kunst delegieren? Was lohnt sich, in finanziell schwierigen Zeiten zu erhalten? Was kann weg?

Eine erste Realisierung von *Make Arts Policy!* fand 2014 in Helsinki inmitten der angespannten Stimmung des finnischen Parlamentswahlkampfes statt: Führende politische RepräsentantInnen stellten ihre Vorschläge zur Kunst- und Kulturpolitik vor, nachdem die rechtspopulistische Partei Wahre Finnen gefordert hatte, das Kulturbudget radikal zu kürzen. Die deutsche Version wurde zwei Jahre später unter dem Titel *Macht Kunst Politik!* vor den Landtagswahlen in der nordrheinwestfälischen Landeshauptstadt Düsseldorf realisiert, zu einer Zeit, als fast alle politischen Debatten von den Herausforderungen durch Migration und Flucht überlagert und zunehmend schärfer wurden.

Doch während in Finnland die eingeladenen PolitikerInnen energisch und kämpferisch ihre eigenen Positionen markierten und sich so deutlich voneinander absetzten, betonten in Düsseldorf fast alle KulturpolitikerInnen die Gemeinsamkeit ihrer Anstrengungen: Gegner waren die anderen Ressorts, vor allem das Finanzministerium, nicht die anderen Parteien – mit Ausnahme der damals noch neuen Rechtsaußenpartei AfD. So verständlich diese pragmatische Haltung des Konsenses ist, verhindert sie aber auch, dass Kulturpolitik zu einer Arena werden kann, in der unterschiedliche Ansätze öffentlich entwickelt werden. Sie wird zur reinen Lobby-Angelegenheit.

Und so wurde am Veranstaltungstag schnell klar: Hier entsteht kein agonistisches, enthusiastisches Streiten für differierende, deutlich formulierte kulturpolitische Agenden. Stattdessen wurde vor allem Zeit damit verschwendet, in feierlicher Übereinstimmung Ideen der Rechten abzukanzeln, dabei aber das Formulieren eigener Überlegungen oder gar Visionen weitgehend zu vermeiden.

Nur der AfD-Vertreter versuchte leidenschaftlich, das Publikum für seine konservativen und teils reaktionären Vorstellungen von Kultur zu gewinnen.

Auf diese Weise gewährte *Macht Kunst Politik!* Einblicke, die nicht unbedingt angenehm waren. Das Ziel – wenigstens für einen Augenblick, wenigstens auf dem sehr begrenzten Feld der NRW-Kulturpolitik –, etwas zu verändern und einen Blick darauf zu öffnen, was möglich *wäre*, wurde klar verfehlt. Betrachtete man es durch die Brille eher konventionellen politischen Repräsentationstheaters war das Projekt hingegen sehr erfolgreich: Es spiegelte die Situation der Kulturpolitik und machte sie durch die theatrale Rahmung sichtbar. In anderen Worten: Während es *Make Arts Policy!* in Helsinki tatsächlich schaffte, wichtige Auseinandersetzungen innerhalb der lokalen Kunstszene anzustoßen, wurde *Macht Kunst Politik!* in Düsseldorf zu einer künstlerischen Darstellung der bestehenden Situation anstatt eines *preenactments* von etwas, das stattdessen sein könnte.

Mit ähnlich quasi-parlamentarischem Setting arbeiteten zwei Projekte, die der Pariser UN-Klimakonferenz 2015 gewidmet waren: *Welt-Klimakonferenz* von Rimini Protokoll und das *Théâtre des Négociations* von Bruno Latour und den TheatermacherInnen Frédérique Aït-Touati und Philippe Quesne.

Rimini Protokolls *Welt-Klimakonferenz* (2014) folgte grundsätzlich dem Prozedere der offiziellen *United Nations Framework Convention on Climate Change, 21st Conference of the Parties (COP 21)*: 670 ZuschauerInnen repräsentierten die 670 RepräsentantInnen der 195 teilnehmenden Nationen.

Der Versuch, die konkreten Situationen, Kräfte, Begrenzungen, Ängste und Hoffnungen der ihnen per Zufall zugeteilten jeweiligen Länder zu verstehen und zu respektieren, sowie die begrenzte Zeit der dreistündigen Performance führten zu eher pragmatischen als utopischen Ergebnissen; meist nicht allzu weit entfernt von den Resultaten der echten Klimakonferenz – auch wenn sich hier die

USA schon mal dazu durchrangen, die Mittel für den Umweltschutz einfach eigenständig aufzustocken. Für Daniel Wetzel, Co-Regisseur der *Welt-Klimakonferenz*, ging es weniger darum, die Abläufe in der UNO zu verstehen als sich mit einer der verschiedenen Positionen zu identifizieren: »Man verlässt das Stück, nachdem man den Raum mit 195 anderen Perspektiven geteilt hat.«[130] Das erinnert wieder an Brechts Lehrstücke, in denen man gleichzeitig BeobachterIn und DarstellerIn ist und so die unterschiedlichen Positionen besser verstehen lernt – ohne notwendig deren politische und pädagogische Agenda zu teilen.

Eine weitaus kritischere Sicht auf das System hinter der tatsächlichen Weltklimakonferenz hatte Latours, Aït-Touatis und Quesnes *Théâtre des Négociations* (2015). Die Inszenierung im Théâtre Nanterre-Amandiers legte offen, dass das Versagen der UN-Konferenz »eine Konsequenz aus Fragen der Repräsentation ist: die Repräsentation der Probleme, um die es geht, und die Repräsentation der verschiedenen Gemeinschaften und Lebewesen, die auf der Erde koexistieren«. Mit 200 Studierenden aus aller Welt und vielen BeobachterInnen wollte diese Simulation vor allem Sichtbarkeit erzeugen: »Es ging darum, das Theater zu einem Ort zu machen, an dem Transparenz und Sichtbarkeit überwiegen – das Gegenteil von Verhandlungen hinter verschlossenen Türen.« Und dabei »jene Körperschaften in die Klimaverhandlungen einzubeziehen, die direkt von der Erderwärmung betroffen sind (indigene Völker, junge Menschen, Wälder, Ozeane, vom Aussterben bedrohte Spezies, gefährdete Territorien), deren Stimmen aber nicht gehört werden«.[131]

Anders als bei Rimini Protokoll waren die ZuschauerInnen hier weitgehend realpolitischer Pragmatik entbunden: WissenschaftlerInnen schlugen alternative Erklärungsmuster vor, KünstlerInnen entwickelten neue Formen der Repräsentation und zahlreiche Studierende verschiedener Disziplinen suchten nach eigenen Positionen. So utopisch viele Ansätze waren: Es ging um konkrete Lösungen, den Klimawandel zu beenden und andere Repräsentationsmodelle zu finden.

Während Rimini Protokoll die Gründe für die unterschiedlichen Verhandlungspositionen verstehbar machen und so einen einigermaßen realistischen Blick darauf erlauben wollte, was innerhalb dieses Systems möglich ist, eröffnete das *Théâtre des Négociations* die Freiheit, die Spielregeln selbst neu zu verhandeln und neue Allianzen zu schmieden – ohne sich gleichzeitig zu weit von den ursprünglichen Vorgaben zu entfernen: »Wäre unser Versuch zu nah an den existierenden Verhandlungen, würde die Erfahrung einer klassischen Reenactment-Übung ähneln. Wäre sie zu weit davon entfernt, liefe er Gefahr keine heuristische Auswirkung zu ermöglichen und nur eine imaginierte Version utopischer Verhandlungen zu bleiben.«[132] Auch wenn das Abkommen, das anschließend von allen beteiligen Parteien unterzeichnet wurde, keinen direkten politischen Einfluss hatte, »war es doch Ausdruck der etwas verrückten Hoffnung, eine neue Form politischer Repräsentation hervorzubringen, indem der Raum des Theaters durch eine neue Art politischer Gemeinschaft mobilisiert wird, die nicht exklusiv menschlich ist, sondern andere AkteurInnen unserer gemeinsamen Welt mit einbezieht.«[133]

Solche Arbeiten sind auf pragmatische Weise utopisch, indem sie Institutionen imaginieren, die zwar auf existierenden Modellen beruhen, sie aber herausfordern und revolutionieren.

Wie *Make Arts Policy!* zieht das *Théâtre des Négociations* seine Stärke aus dem Konzept des *preenactments*: Beide erfinden keine völlig neuen Settings, sie nutzen vielmehr existierende Formen politischer Versammlungen und versuchen, deren Verfahrensweisen, Inhalte, Zusammensetzungen und Ethiken zu verändern. Sie sind auf eine pragmatische Art und Weise utopisch, indem sie Institutionen imaginieren, die zwar auf existierenden Modellen beruhen, sie aber herausfordern und revolutionieren.

Wissen versammeln

Ein anderes Spielfeld findet das Prinzip der performativen Versammlung – spätestens seit Joseph Beuys' Freier internationaler Hochschule für Kreativität und interdisziplinäre Forschung (1973–1988) – im Bereich der Wissensvermittlung und -generierung. Einige der prominentesten, aber auch am sorgfältigsten durchdachten Beispiele stammen dabei von der Theatermacherin Hannah Hurtzig und der von ihr ins Leben gerufenen Mobilen Akademie Berlin mit ihrer »Konstruktion von öffentlichen Räumen, in denen erzählerische Formate der Wissensvermittlung und -verhandlung erprobt werden«.[134] Theorie und Praxis, Inhalt und Form sind nicht voneinander trennbar, wenn bei Hurtzigs *Schwarzmarkt für nützliches Wissen und Nicht-Wissen* (seit 2004) zwischen fünfzig bis hundert ExpertInnen in einem großen Saal an kleinen, von je einer Glühbirne erleuchteten, sorgfältig arrangierten Tischen sitzen, bereit zu Vieraugengesprächen, die BesucherInnen für einen Euro buchen können – sofern der Platz noch frei ist.

Das Schachern um die Karten für ein *one to one* mit den eigenen Wunschpartnern gehört beim *Schwarzmarkt*, der inzwischen über dreißig Mal in mehr als zwanzig Städten stattgefunden hat, ebenso zum Spiel, wie die hohe Wahrscheinlichkeit, dass man letztlich bei einem anderen Gegenüber landet als gewollt – vielleicht bei einem Wahrsager statt der erhofften Wirtschaftsprofessorin oder bei einem Friseur statt der weltberühmten Choreografin. Fakten, Erfahrungen, Selbsthilfe oder schlicht etwas Einblick in Wissensgebiete, die einem völlig unbekannt waren. Wer keinen Platz mehr an einem der kleinen Tische bekommen hat, beobachtet von erhöhter Position das murmelnde Spektakel und kann per Kopfhörer in ausgewählte Gespräche unbemerkt hineinhören – bis nach dreißig Minuten ein Gong ertönt und die Karten neu gemischt werden: Vielleicht klappt es diesmal, das Privatissimum mit dem Leichenbestatter.

Ein Raum gedämpfter Unterhaltungen, eine unruhige und zugleich beunruhigende Installation, wenn man sie von außen betrachtet. Und ein merkwürdiges Gefühl der Abgeschiedenheit, der Nähe, der Konzentration, wenn man mitten in ihr steckt. Der *Schwarzmarkt* ist intim und öffentlich zugleich; ein lehrreiches, oft sehr vertrautes Zwiegespräch und eine theatralische Setzung: So entsteht eine »halluzinierte Volkshochschule, in der Lernen und Verlernen, Wissen und Nicht-Wissen, Lebens- und Überlebensstrategien auf nicht-institutionellem Weg ihren ›Besitzer‹ wechseln. Der Wissenstransfer als kommunikativer und performativer Akt wird in dieser Nacht im Theater, dem ursprünglichen Ort öffentlichen Debattierens, zu einer kollektiv gewisperten Wissenserzählung«.[135]

Dass Wissen auch sehr direkt politisch sein kann, machte ein *Schwarzmarkt* deutlich, der im Herbst 2019 in der kolumbianischen Hauptstadt Bogotá stattfand. Nach Jahrzehnten des Bürgerkriegs, zu Zeiten eines wackligen Vielleichtfriedens, sollte ein Ort entstehen, der dem Erinnern gewidmet ist und dieses Erinnern gleichzeitig hinterfragt. Wichtig dabei war, dass dieser *Schwarzmarkt* einen Auftraggeber und Partner hatte, der nicht aus dem kulturellen Feld stammt: Die kolumbianische Wahrheitskommission (La Comisión para el Esclarecimiento de la Verdad, la Convivencia y la No repetición), die sich um die Aufarbeitung der jüngeren Geschichte und die Anerkennung und Rechte ihrer Opfer kümmert. Thematisch wählte der *Schwarzmarkt* einen Zugang, der das gemeinsame Reden ermöglichen sollte: Es ging um Ozeane und Flüsse, die in Kolumbien sowohl wichtige Verkehrsverbindungen und ökologische Lebensräume als auch Orte der Umweltkatastrophen, Allianzen, blutigen Kämpfe und wässrigen Friedhöfe sind.

Ähnlich wie Jonas Staals Parlament in Rojava, aber auch Milo Raus *Kongo Tribunal*, sollte auch dieser *Schwarzmarkt* im besten Fall ein unabhängiges Eigenleben entwickeln und zum Modell werden, das die Wahrheitskommission künftig selbst einsetzen kann – mit dem Ziel »Menschen aus ganz unterschiedlichen Milieus so zu adressieren, dass sie sich aktiv in die öffentliche Auseinandersetzung um eine Aufarbeitung des Konflikts einbringen«[136].

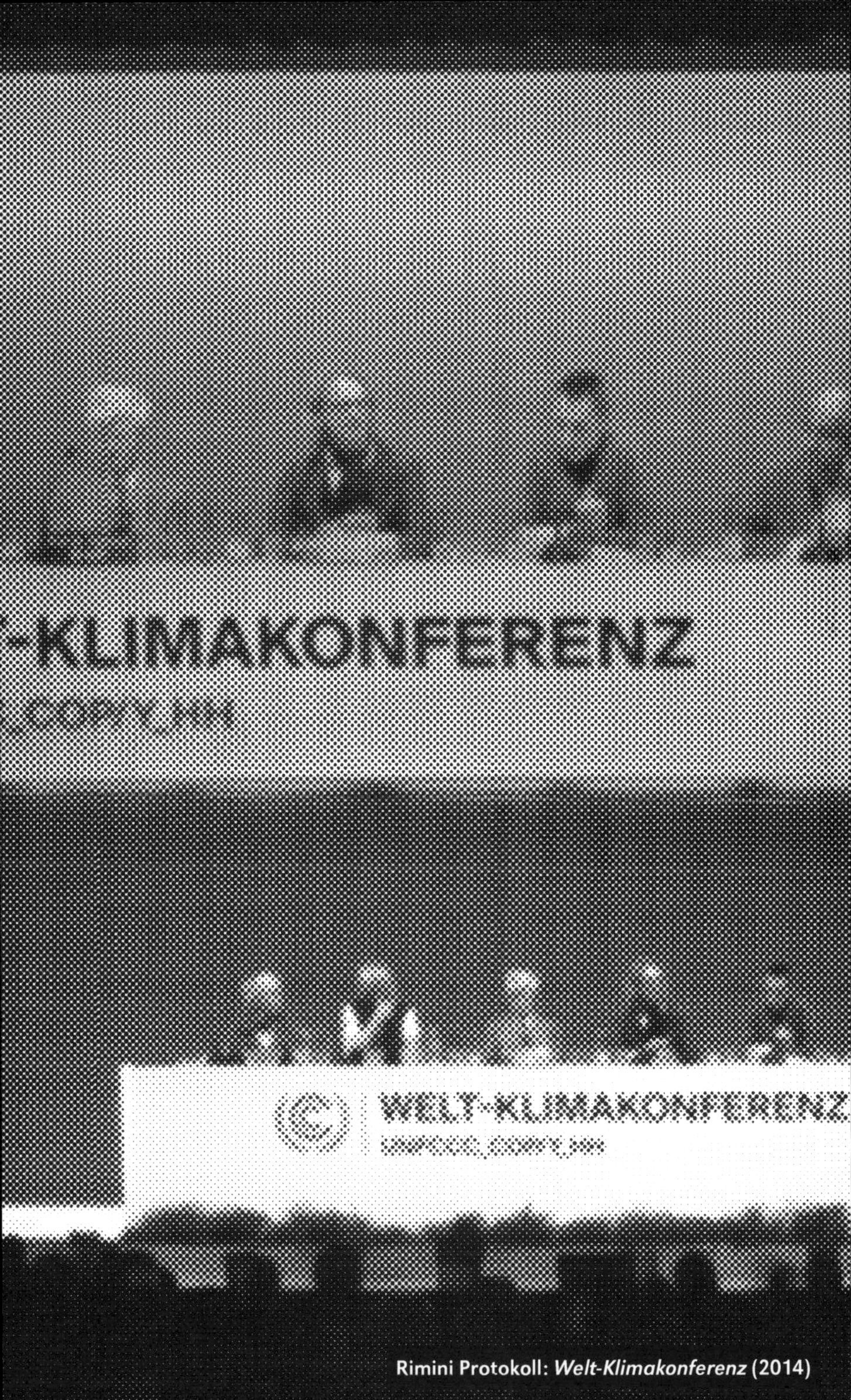

Rimini Protokoll: *Welt-Klimakonferenz* (2014)

Wenn Realismus zur Realität wird

Auch Milo Raus eingangs beschriebener *General Assembly* ging es darum, mit einem anderen Zugriff auf bestehende parlamentarische Modelle neue Perspektiven auf die Zukunft zu eröffnen:

> Während in Europa und den USA über die Modernisierungsverlierer und Abgehängte, über Proletariat und Rechtsrutsch im eigenen Land debattiert wird, geht die *General Assembly* in Hinblick auf die globale Realität von Politik und Ökonomie einen Schritt weiter und gibt den Unterrepräsentierten, den Nichtgehörten, dem globalen Dritten Stand eine Stimme: den Arbeitsmigranten, Kindern und Nachgeborenen, Kriegsopfern, den Textil- und Minenarbeitern, den Kleinbauern, den Wirtschafts- und Klimaflüchtlingen, den Opfern des sich anbahnenden Ökozids, den Weltmeeren, der Atmosphäre, den Nutztieren und Bäumen.[137]

Was die *General Assembly* als *preenactment* von anderen Beispielen theatraler Versammlungen unterscheidet, ist Raus künstlerischer Ausgangspunkt als Theaterregisseur, der überzeugt auf einen ästhetischen Realismus als probates Werkzeug zur Erzeugung hochaffektiver, kathartischer Erfahrungen setzt. Emotionale Identifikation ist der Schlüssel zu Werken wie *Hate Radio* (2011), der Rekonstruktion des unheilvollen Wirkens des Hutu-Propagandasenders RTLM, einer treibenden Kraft im Völkermord an den Tutsi 1994.

Raus Realismus ist effektiv und komplex. So sehr er an die grundsätzliche künstlerische Berechtigung glaubt, andere zu repräsentieren, ist er sich gleichzeitig der ethischen Grenzen eines Sprechens für andere sehr wohl bewusst: Nicht nur waren alle SchauspielerInnen selbst Tutsi und Überlebende des Krieges; das ganze Stück wurde kollaborativ entwickelt – in einem Prozess, der, wie Rau betont, nicht einfach war, da alle SchauspielerInnen permanent mit ihren eigenen Traumata konfrontiert wurden.[138] Die Schauspielerin Nancy Nkusi beispielsweise kehrte für die Arbeit zum ersten Mal wieder in ihr Heimatland zurück, um jene zu verkörpern, die die Mörder ihrer eigenen Familie angestachelt hatten. Dieses gemeinsame Entwickeln und Spielen des Stückes macht deutlich, was Rau mit seinem künstlerischen Anliegen meint, »ein Trauma mit den Beteiligten zu durchqueren, um sie – natürlich nur symbolisch [...] – in eine aktive, darstellende Rolle zu setzen.«[139]

Die moralische Überzeugung, dass es inakzeptabel wäre, beispielsweise deutsche SchauspielerInnen diese Rolle übernehmen zu lassen, deckt sich mit der künstlerischen Überzeugung, dass eine authentische Besetzung eine realistischere Performance ermöglicht. Milo Rau spricht von der »Gleichzeitigkeit von biografischer bzw. politischer und darstellerischer Präsenz«, die im Zentrum der meisten seiner Arbeiten stehe.[140]

Wenn der ehemalige Journalist erklärt, »realistisch zu arbeiten heißt ja schlicht und einfach, das Reale aus dem Schatten der Dokumente, der sogenannten ›Aktualität‹, ins Licht der Wahrheit und der Präsenz zu zerren«[141], dann verweist ebendieses Konzept von »Wahrheit und Präsenz« auf das zentrale Problem: Schließlich kondensiert *Hate Radio* Mengen originalen Materials zu zwei Stunden Theater – und wird dadurch mindestens ebenso zur Fiktion wie es eine dokumentarische Wahrheit enthält. Raus Glaube, dass das Material bearbeitet werden muss, um auf der Bühne die Wirklichkeit zeigen zu können, verwirft zurecht die naive Idee von einem möglichst getreuen Reenactment als Abkürzung zur historischen Wahrheit. Aber zugleich ersetzt es dieses Konzept mit der nicht weniger problematischen Behauptung, ein künstlerisches Werk sei stattdessen in der Lage, zu zeigen, wie es wirklich war. Milo Raus Performances geben sich nicht als eine mögliche Version historischer Wirklichkeit zu erkennen; sie kommen mit der kraftvollen Geste einer Wahrheit, der man sich ergeben muss. *Hate Radio* ist eine theatrale Reportage, bei der das Ringen der Entstehungszeit, die Dramaturgie, das Montieren, das Füllen von Lücken unsichtbar werden. Was bleibt, ist eine perfekte Propaganda-Sendung, die wirklicher scheint als jede, die tatsächlich stattgefunden hat.

Rau entwickelt einen beeindruckend umfangreichen Diskurs in seinen Essays, Interviews, Kolumnen und Büchern – doch in den Performances selbst setzt er stärker auf den Affekt als auf den Intellekt der ZuschauerInnen. In jüngeren Arbeiten wie *Five Easy Pieces* (2016), wo Kinder den Fall des pädophilen Mörders Marc Dutroux präsentieren, hat er diese Herangehensweise zur Perfektion gebracht: Virtuos spielt er mit Brecht'schen Verfremdungseffekten – aber nur, um das Publikum in falscher Sicherheit zu wiegen und es dann, unerwartet und umso heftiger, mittels geschickter Manipulation über die emotionale Klippe zu schubsen. So sehr er seinen ProtagonistInnen durchaus Augenblicke der Selbstermächtigung ermöglicht, seinen ZuschauerInnen gönnt er kaum Raum für Emanzipation. Politisch mag Rau näher bei Brecht sein, ästhetisch steht er aufseiten von Stanislawskis Überrumpelungsrealismus. In direktem Widerspruch zu Brechts Warnung, dass die künstlerische Repräsentation von Unterdrückung geschehenes Unrecht lediglich wiederholt und so die Gewalt reproduziert, folgt Rau Aristoteles' Aufforderung, durch mimetische Repräsentation ›Mitleid‹ und ›Furcht‹ hervorzurufen.

Politisch mag Milo Rau näher bei Brecht sein, ästhetisch steht er aufseiten von Stanislawskis Überrumpelungsrealismus.

Es ist wichtig, den Kontext dieser Repertoireproduktionen im Hinterkopf zu behalten, wenn man auf den sehr anderen Strang von Raus Arbeiten schaut, der aus Gerichtsverhandlungen, Tribunalen und Versammlungen besteht, deren strikte Verfahrensdramaturgien sowohl den Protagonisten als auch dem Publikum deutlich mehr Freiraum lassen. Man kann diese Projekte als Versuche sehen, die beiden Pole in Raus Arbeit – den Glauben an therapeutische Katharsis und den Kampf für progressive politische Ziele – zu verbinden.

Die Doppeldeutigkeit des englischen *acting*, das sowohl Handeln wie Schauspielen bedeutet, spielt mit unterschiedlichen Gewichtungen bei allen beschriebenen Versammlungs-Preenactments eine Rolle. Problematisch wird sie im Zusammenspiel mit Raus Konzept einer »Emanzipation durch Unterwerfung«[142]: In seinen Repertoirearbeiten mag man es als eine Frage des ästhetischen Geschmacks betrachten – im Kontext von Politik jedoch überschreitet es eine kritische Linie.

Dieses Dilemma wird auch im *Genter Manifest* deutlich, das Rau mit seinen KollegInnen veröffentlicht hat, um den Beginn seiner Intendanz am belgischen Nationaltheater in Gent 2019 zu markieren: »Theater ist kein Produkt, es ist ein Produktionsvorgang. Recherche, Castings, Proben und damit verbundene Debatten müssen öffentlich zugänglich sein.« Aber warum wird dann genau dieser Prozess (inklusive Aspekten von Hierarchien, Autorschaft, Legitimation von Repräsentation etc.) nicht in der Performance selbst sichtbar – »zugänglich« – gemacht? Weil es das Streben nach Realismus, nach affektiver Katharsis, nach emotionaler Identifikation konterkarieren würde. Was es aber ermöglichen würde, wäre ein ganz anderes Maß an Emanzipation und Selbstermächtigung. Die Gefahr ist jene, die Brecht schon bei Stanislawski diagnostizierte: »Er kämpft für die Wahrheit. Er endet damit, dass er einen wahren Leitfaden für das (natürliche) Lügen schafft.«[143]

Es ist genau dieser Widerspruch, der die Diskussionen über die erwähnte Leugnung des armenischen Genozids durch den AKP-Unterstützer Tuğrul Selmanoğlu zum Wendepunkt von Raus *General Assembly* werden ließ. Zu einem Wendepunkt, an dem nicht nur der Fall selbst, sondern das gesamte künstlerische Setup ins Zentrum der Aufmerksamkeit geriet. Das Problem des »erste[n] Weltparlament[s] der Menschheitsgeschichte«[144] war nicht die Hybris des Unterfangens, die der Arbeit tatsächlich erst ihre utopische Qualität verlieh, sondern der Glaube, dieses »Weltparlament« an unsichtbaren dramaturgischen Fäden führen zu können. Während die agonistischen Sphären, die Rau in der Tat immer wieder herstellt, seinen Glauben an eine dringende demokratische Notwendigkeit einer offeneren Auseinandersetzung widerspiegeln, folgt die Art und Weise, wie er sie herstellt, einer Logik, die von sorgfältig geplanter dramaturgischer Zuspitzung lebt.

Zwar blieb in *General Assembly* der Metadiskurs sowohl über Theater als auch über parlamentarische Politik immer präsent, aber gleichzeitig wurden Ausmaß und Strategie der Inszenierung verschleiert: Was war Regie, was vorhergesehen oder gar forciert? Inwieweit konnte der Gang der Ereignisse beeinflusst werden? Wie kommt die Realität zu ihrem Recht in einem Realismus, bei dem ein Regisseur keine Kontrolle abgeben möchte?

Dieses Dilemma des Theaters spiegelt – wie so oft – das Dilemma gegenwärtiger Politik wider. Der manipulative Aspekt von Raus Arbeit ist ein Hauptgrund für seinen eindrucksvollen Erfolg. Seine Versammlungen und Gerichtsverhandlungen genießen von allen erwähnten Beispielen nicht nur die weiteste mediale Verbreitung und ziehen das größte Publikum an, sie haben zuweilen gar messbaren Erfolg in der politischen Realität: *Das Kongo Tribunal* beispielsweise führte zu einer Kampagne mit dem Ziel, weitere Tribunale im Land zu etablieren, unterstützt durch die kongolesische Anwaltsvereinigung, dem Internationalen Gerichtshof in Den Haag u. a.[145] Doch auch wenn Politik immer eine »affektive Dimension« hat,[146] die Vorstellung von politischer Emanzipation durch psychische Manipulation bleibt ein eklatanter Widerspruch.

Theater als agonistischer Raum lebt von der öffentlichen Auseinandersetzung, vom Aufeinanderprallen gegnerischer Positionen. Und es lebt von ernstgemeinter Teilhabe.

Theater als agonistischer Raum lebt von der öffentlichen Auseinandersetzung, vom Aufeinanderprallen gegnerischer Positionen. Und es lebt von ernstgemeinter Teilhabe – auch wenn diese nicht immer eine angenehme Erfahrung ist. Wie Claire Bishop betont: Partizipation in der Kunst sollte ein Gefühl von »Unsicherheit und

Unbehagen, nicht von Zugehörigkeit« erzeugen. Alle Beteiligten sollten als »unabhängig denkende Subjekte« behandelt werden. Das ist die »unerlässliche Voraussetzung für politisches Handeln«.[147]

Und so kann man sagen: Der ungewollte Eklat am Ende der *General Assembly* schaffte paradoxerweise genau das: Indem er das Skript durchbrach, machte er die Beteiligten zu »unabhängig denkenden Subjekten« und verwandelte eine Theaterarbeit in eine politische Situation, in eine wirkliche Versammlung. Auf den Zwischenruf »Aber es ist Theater!« aus dem Publikum entgegnete der türkischstämmige Aktivist Aral Balkan: »Für einige von uns ist das kein Theater. Für einige von uns ist es etwas, das unser Leben beeinflusst. Und wir sind nicht dazu hier, eure Schauspieler zu sein!«[148]

Theater kann Versammlungen *re-enacten*, *enacten* oder *pre-enacten*. Es kann Räume der Analyse, der Reflektion, der Imagination oder der Intervention schaffen – aber in dem Augenblick, in dem es zur tatsächlichen Versammlung wird, endet der Realismus und die Realität beginnt. Mit all ihrer Theatralität.

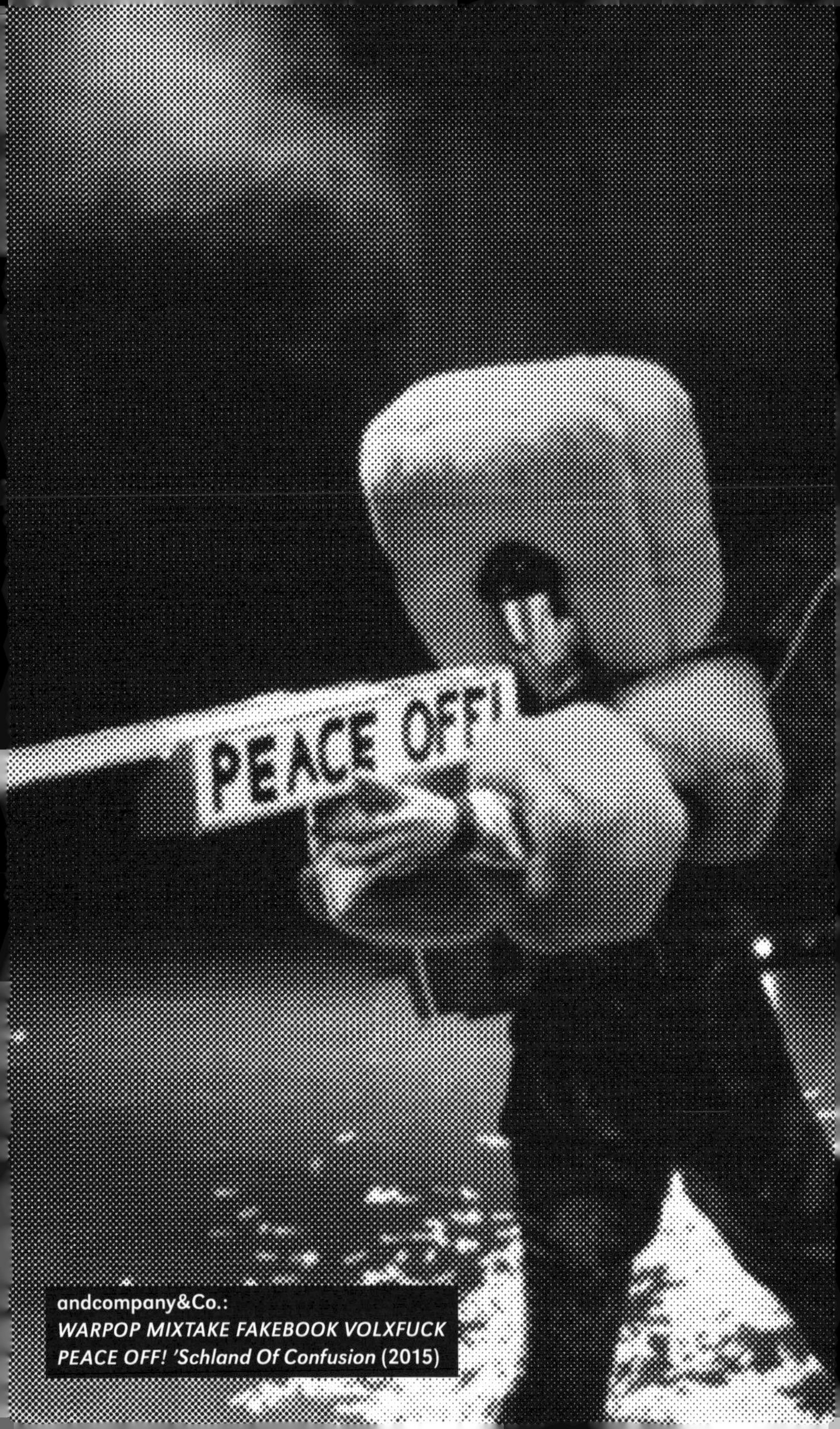

andcompany&Co.:
WARPOP MIXTAKE FAKEBOOK VOLXFUCK PEACE OFF! 'Schland Of Confusion (2015)

EPILOG

Was für ein Theater brauchen wir in einer Zeit, in der Demokratien demontiert werden, rechte Populisten allerorten Zuwachs haben, in der soziale Ungerechtigkeit weiter wächst, zahlreiche Kriege sich ausbreiten und die Klimakatastrophe eigentlich alle Aufmerksamkeit erfordert?

Man kann sich vergangene Welten, alte Lösungen herbeiträumen. Man kann darauf beharren, dass man alles so zeigen, so sagen, so repräsentieren darf wie früher. Man kann sich das Publikum zurück ins Dunkel wünschen oder eine Kunst, bei der die Konzepte von Ethik und Ästhetik säuberlich getrennt sind, in der Bühnen- und Bilderrahmen noch Autonomie garantieren.

Oder man kann die gefährliche Gegenwart als einen Auftrag für das Theater begreifen. Ungeklärte Verhältnisse sind ein guter Nährboden für die Kunst. Permanentes *learning by doing*; keine Zeit zum Zurücklehnen. »Fangt an zu kochen – das Rezept folgt«,[149] rät Brian Eno.

Gerade weil optimistische Prognosen derzeit schwer zu haben sind, hilft es nichts, den Kopf in den Sand zu stecken. Die Krise gegenwärtiger gesellschaftlicher, politischer und ökologischer Systeme ist zweifellos eine Bedrohung, birgt aber auch eine Chance: mehr Demokratie zu erobern.[150] Die Welt wird eine andere sein. Und mit ihr die Kunst.

In dieser Situation brauchen wir ein Theater, in dem agonistische Konfrontation stattfinden kann und das sich streitbar in notwendige Konflikte außerhalb der eigenen Mauern wirft. Ein Theater, das seinen Beitrag leistet in den zunehmend härteren

Auseinandersetzungen, die Politik und Alltag fast überall auf der Erde prägen.

Während der Neoliberalismus als Allheilmittel in letzter Zeit etwas aus der Mode gekommen ist, hat sich die extreme Rechte perfide und mit einiger Perfektion das Konzept der kulturellen Hegemonie des antifaschistischen Philosophen und Politikers Antonio Gramsci unter den Nagel gerissen.[151] Es beschreibt, wie man, um Wahlen zu gewinnen, zunächst um kulturelle Vorherrschaft ringen muss: Mit allen kommunikativen Mitteln, die zur Verfügung stehen – von klassischen Zeitungen über die Kommentarspalten virtueller sozialer Netzwerke bis hin zur *meme*-Produktion –, werden öffentliche Debatten so lange und massiv beeinflusst, bis der gesellschaftliche Diskurs insgesamt verändert und ideologisch infiltriert ist. Der Wahlerfolg selbst ist dann nur noch ein letzter, folgerichtiger Schritt. Zuerst geht es darum, das, was überhaupt geglaubt, gesagt, getan werden kann, nach und nach zu verschieben.

Als Antwort auf die Verführungen illiberaler bis rechtsradikaler DemagogInnen reicht kein reines Dagegensein. Sich ihnen entgegenzustellen ist wichtig; vor allem aber bedarf es anderer gesellschaftlicher Erzählungen. Erzählungen, die zugleich gewagt und anschlussfähig sind: wirklich progressive Alternativen. Wir müssen neue, eigene Bilder von der Zukunft entwerfen und um den gesellschaftlichen Diskurs kämpfen. Politisches Theater kann ein Labor sein, um mit radikaler Fantasie solche neuen Narrative zu entwickeln und im Kleinen auszutesten. Man kann das, wie Jonas Staal, auch Gegenpropaganda nennen: »Wir sollten […] anfangen, selbst faktenbasierte Propagandanarrative zu entwickeln. Neue Narrative darüber, wo wir herkommen, wer wir sind, und vor allem, wer wir noch werden können.«[152] Die Lügen der anderen zu widerlegen, genügt nicht. Die Wahrheit braucht auch neue Geschichten und Bilder, mit denen sie verbreitet werden kann.

Die Beispiele in diesem Buch zeigen, auf welch vielfältige Weise politisches Theater heute – gemeinsam mit dem Publikum – solche Erzählungen, solche Bilder, aber auch neue Formen des gesellschaftlichen Miteinanders erfindet. Dabei existiert kein kleines oder großes Organon, dem wir einfach folgen könnten. Wir befinden uns in einer Phase des Ausprobierens, des Herausfindens – als KünstlerInnen wie als ZuschauerInnen. Aber es gibt zahlreiche Ansätze künstlerischer Arbeit und gesellschaftlichen Engagements, die zeigen, welch Potential in der Begegnung von Kunst und politischem Handeln liegt.

Es geht um eine Kunst, die selbstreflexiv ist, aber nicht in die Falle reiner Selbstreferentialität tappt. Eine Kunst, die politische Themen nicht als lautstarke Klischees aufgreift, dennoch klare Positionen wagt und dabei sowohl innere als auch äußere Widersprüche aushält. Eine Kunst, die ihr Wissen um die Kontingenz unserer Welt nicht als Ausrede dafür nimmt, alles dem Zufall zu überlassen, sondern als Auftrag, der Willkür des Lebens immer wieder eigene – notwendige – Entwürfe entgegenzustellen. Eine Kunst, die Missstände auf diesem Planeten nicht nur vorführt und kritisiert, sondern aktiv daran mitarbeitet, die Welt zu einem besseren Ort zu machen, so kitschig das klingen mag.

Vor allem aber bedarf es anderer gesellschaftlicher Erzählungen, die zugleich gewagt und anschlussfähig sind: wirklich progressive Alternativen.

Was das Theater dazu beitragen kann, ist seine besondere Kompetenz im Zusammenbringen von Menschen in Situationen, die auf eigentümliche Weise real und fiktional, tatsächlich und symbolisch zugleich sind. In der paradoxen Maschine des Theaters können wir Teil eines Gesellschaftsspiels sein und uns zugleich von außen kritisch beobachten, während wir damit beschäftigt sind, die Regeln zu durchschauen, zu verhandeln, zu verändern oder gar ein ganz anderes Spiel auszuprobieren.

So einfach ist das. Und so kompliziert.

Anmerkungen

1 Das Zitat wird sowohl Marx, Brecht als auch Majakowski zugeschrieben. Sicher zumindest findet sich bei Trotzki der Satz: »Die Kunst – so sagt man uns – sei kein Spiegel, sondern ein Hammer: Sie spiegelt nicht wider, sie formt um.« (Leo Trotzki. *Kunst und Revolution*. Essen: Arbeiterpresseverlag, 1994 [Russische Erstausgabe 1924]. S. 141.).

2 Francis Fukuyama. *The End of History and the Last Man*. New York [u. a.]: Free Press [u. a.], 1992. (dt. *Das Ende der Geschichte. Wo stehen wir?*. München: Kindler, 1992.)

3 David Castle. »Hearts, Minds and Radical Democracy. Interview with Ernesto Laclau and Chantal Mouffe«. *Red Pepper* (Juni 1998), unter: https://www.redpepper.org.uk/hearts-minds-and-radical-democracy/ (zuletzt aufgerufen am 23. August 2019). Übersetzung Wilfried Prantner.

4 Chantal Mouffe. *Über das Politische. Wider die kosmopolitische Illusion*. Frankfurt/Main: Suhrkamp, 2007. S. 30.

5 Ebda.

6 Anta Helena Recke. »Oh baby, it's a white world. *Theater heute* 10 (2017): S. 51.

7 Zitiert nach *Mittelreich*, Münchener Kammerspiele, 2017.

8 Zitiert nach Matthias Dell. »Finde den Unterschied. Bierbichler-Stück nur mit Schwarzen«. *Spiegel Online* (23. Oktober 2017) unter: http://www.spiegel.de/kultur/gesellschaft/mittelreich-an-den-muenchner-kammerspielen-diesmal-nur-mit-schwarzen-a-1174264.html (zuletzt aufgerufen am 23. August 2019).

9 Anta Helena Recke (2017). S. 49–51.

10 Eva-Elisabeth Fischer. »Schwarz allein reicht nicht«. *Süddeutsche Zeitung* (14. 10. 2017), unter: https://www.sueddeutsche.de/kultur/schauspiel-nach-sepp-bierbichler-schwarz-allein-reicht-nicht-1.3707139 (zuletzt aufgerufen am 6. September 2019).

11 Vgl. Azadeh Sharifi. »German Theatre: Interventions and Transformations«. *Critical Stages* (Dezember 2019), unter: http://www.critical-stages.org/20/german-theatre-interventions-and-transformations/?fbclid=IwAR3mIaoIZgnSGnWZpgVG11QVjTpaBFZ_BM4PLXNFZWi-qmpHKzET5AjmipNY (zuletzt aufgerufen am 20. Januar 2020).

12 Zitiert nach *Black Bismarck,* HAU Hebbel am Ufer, 2015.

13 Gintersdorfer/Klaßen. Projektseite »Das neue schwarze Denken – Chefferie«, unter: https://www.gintersdorferklassen.org/projekte/chefferie/ (zuletzt aufgerufen am 23. August 2019).

14 Vgl. Ernst Kantorowicz. *Die zwei Körper des Königs. Eine Studie zur politischen Theologie des Mittelalters.* Frankfurt/Main: Deutscher Taschenbuch Verlag, 1990 (1957).

15 Vgl. z. B. Claude Lefort. »Die Frage der Demokratie«. In: Ulrich Rödel (Hg.). *Autonome Gesellschaft und libertäre Demokratie.* Frankfurt/Main: Suhrkamp, 1990. S. 281–297.

16 Jacques Derrida. *Die unbedingte Universität.* Frankfurt/Main: Suhrkamp, 2001. S. 14.

17 Vgl. Paula Diehl. »Demokratische Repräsentation und ihre Krise«. *Aus Politik und Zeitgeschichte* (APuZ) 66 (2016). S. 40–42.

18 Bertolt Brecht. »Die dialektische Dramatik«. In: Werner Hecht (Hg.) *Schriften: 1 (Werke/Bertolt Brecht. Band 21).* Berlin, Weimar: Aufbau Verlag und Frankfurt/Main: Suhrkamp, 1992. S. 435.

19 Bertolt Brecht. *Kleines Organon für das Theater. Mit einem »Nachtrag zum Kleinen Organon«.* Frankfurt/Main: Suhrkamp, 1960. S. 22.

20 Zitiert nach: Cornelia Niedermeier. »Der Ort, an dem Wirklichkeit anders vorkommt«. *Der Standard* (28. Juni 2002).

21 Douglas Coupland. *Generation X. Geschichten für eine immer schneller werdende Kultur.* Berlin/Weimar: Aufbau Verlag, 1994 (1992). S. 18.

22 Zitiert nach: Florian Malzacher/Nadine Vollmer (Red.) »Ein Glossar der Arbeit und des Lebens«. In: Florian Malzacher (Hg.). *Leben und Arbeit des Nature Theater of Oklahoma.* Berlin: Alexander Verlag, 2019. S. 196.

23 »Bekloppte – das ist die Mehrheit. Christoph Schlingensief im Gespräch mit Henning Kober«. *die tageszeitung* (08. Juni 2002). S. 16.

24 Hans-Thies Lehmann. *Postdramatisches Theater.* Frankfurt/Main: Verlag der Autoren, 1999. S. 12.

25 Vgl. Jacques Rancière. *Die Aufteilung des Sinnlichen.* Berlin: b-books, 2006 und *Der emanzipierte Zuschauer.* Wien: Passagen Verlag, 2009.

26 Zitiert nach Oliver Marchart. *Die politische Differenz.* Berlin: Suhrkamp, 2010. S. 13.

27 Vgl. u.a. Derrida (2001).

28 Marchart (2010). S. 111.

29 Jacques Rancière. *Ist Kunst widerständig?* Berlin: Merve Verlag, 2008. S. 57.

30 Ebda. S. 85.

31 Hans-Thies Lehmann. »Wie politisch ist postdramatisches Theater?« In:

Jan Deck, Angelika Sieburg (Hg.). *Politisch Theater machen.* Bielefeld: Transcript, 2011. S. 40.

32 Irene Albers, Anselm Franke. »Vorwort«. In: Irene Albers, Anselm Franke (Hg.). *Animismus. Revisionen der Moderne.* Berlin, Zürich: Diaphanes, 2016 (2012). S. 7.

33 Bruno Latour. *Das Parlament der Dinge. Für eine politische Ökologie.* Frankfurt/Main: Suhrkamp, 2001.

34 Bruno Latour. *Eine neue Soziologie für eine neue Gesellschaft. Einführung in die Akteur-Netzwerk-Theorie.* Frankfurt/Main: Suhrkamp, 2010. S. 81.

35 Vgl. Jeroen Peeters. »Incidents and Incitements. Ecology and the Micropolitics of Spectatorship«. In: Florian Malzacher (Hg.). *Not Just a Mirror. Looking for the Political Theatre of Today.* Berlin: Alexander Verlag, 2015. S. 44–55.

36 Sibylle Peters. »Heterotopian Research and the Performative ›What if?‹. From the Salon of Destruction to the Animals of Manchester«. 2019. Unveröffentlichtes Manuskript. Übersetzung Florian Malzacher.

37 Vgl. u. a. Donna Haraway. *The Companion Species Manifesto. Dogs, People and Significant Otherness.* Chicago: Paradigm, 2003.

38 Live Art Development Agency. Projektseite »MIF 2019: Animals of Manchester (including HUMANZ)«, unter: http://www.thisisliveart.co.uk/whats-on/mif-2019-animals-of-manchester-including-humanz (zuletzt aufgerufen am 23. August 2019). Übersetzung Florian Malzacher.

39 Vgl. Donna Haraway. »A Cyborg Manifesto: Science, Technology, and Socialist-Feminism in the Late Twentieth Century.« In: *Simians, Cyborgs and Women: The Reinvention of Nature.* New York: Routledge, 1991. S. 149–181.

40 Alexander Kluge/Heiner Müller. *Ich bin ein Landvermesser. Gespräche. Neue Folge.* Hamburg: Rotbuch, 1996. S. 95.

41 Zitiert nach David Hugendick. »Androidenliebe«. https://www.zeit.de/kultur/2016-10/hiroshi-ishiguro-androiden-roboter-kuenstliche-intelligenz/komplettansicht (zuletzt aufgerufen am 1. Februar 2020).

42 Vgl. Julia Farrington. »Case Study: Brett Bailey/Exhibit B«. *Index an Censorship* (15. Mai 2019), unter: https://www.indexoncensorship.org/2019/05/brett-bailey-exhibit-b/ (zuletzt aufgerufen am 15. Januar 2020).

43 Vgl. Abby Callard. »Emmett Till's Casket Goes to the Smithsonian«. *Smithsonian Magazine* (November 2009), unter: https://www.smithsonianmag.com/arts-culture/emmett-tills-casket-goes-to-the-smithsonian-144696940/ (zuletzt aufgerufen am 15. Januar 2020).

44 Vgl. Coco Fusco. »Censorship, Not the Painting, Must Go: On Dana

Schutz's Image of Emmett Till«. *Hyperallergic* (27. März 2017), unter: https://hyperallergic.com/368290/censorship-not-the-painting-must-go-on-dana-schutzs-image-of-emmett-till/ 2594450 (zuletzt aufgerufen am 15. Januar 2020).

45 »avenidas / avenidas y flores // flores / flores y mujeres // avenidas / avenidas y mujeres // avenidas y flores y mujeres y / un admirador« (dt.: »alleen / alleen und blumen // blumen / blumen und frauen // alleen / alleen und frauen // alleen und blumen und frauen und / ein Bewunderer«).

46 Zitiert nach Jens Kastner/Lea Susemichel. »Identitätspolitik ist erst der Anfang«. *Identitätspolitiken. Konzepte und Kritiken in Geschichte und Gegenwart der Linken.* Münster: Unrast Verlag, 2018. S. 7.

47 Für einen Einblick in die Relevanz solcher Überlegungen im deutschen Kontext vgl. Peggy Piesche. »Politische Intersektionalität als Heilungsangebot« (15. April 2019), unter: https://www.gwi-boell.de/de/2019/04/15/politische-intersektionalitaet-als-heilungsangebot (zuletzt aufgerufen am 15. Januar 2020).

48 Vgl. Sonja Esmailzadeh. »›Sie war nicht nur Pazifistin‹: Astrid Lindgrens Tochter über ihre Mutter«. *die tageszeitung* (21. März 2016), unter: https://taz.de/Astrid-Lindgrens-Tochter-ueber-ihre-Mutter/!5285488/ (zuletzt aufgerufen am 15. Januar 2020).

49 Vgl. »*Jim Knopf* von Michael Ende: Das Wort ›Neger‹ bleibt«. *Süddeutsche Zeitung* (4. August 2015), unter: https://www.sueddeutsche.de/kultur/jim-knopf-von-michael-ende-das-wort-neger-bleibt-1.2594450 (zuletzt aufgerufen am 15. Januar 2020).

50 Vgl. Gayatri Chakravorty Spivak. »Subaltern Studies: Deconstructing Historiography? (1985)«. In: Donna Landry/Gerald MacLean (Hg.). *The Spivak Reader.* London: Routledge, 1996. S. 203–237.

51 Vgl. Gayatri Chakravorty Spivak. *Other Asias.* Malden: Blackwell Publishing, 2008.

52 Vgl. Julian Bruns/Kathrin Glösel/Natascha Strobl. »Die Identitären – mehr als nur ein Internet-Phänomen«. *Bundeszentrale für politische Bildung* (26. Januar 2017), unter: http://www.bpb.de/politik/extremismus/rechtsextremismus/241438/die-identitaeren-mehr-als-nur-ein-internet-phaenomen (zuletzt aufgerufen am 15. Januar 2020).

53 Alternative für Deutschland. »§7.2 Leitkultur statt Multikulturalismus«. *Programm für Deutschland. Das Grundsatzprogramm der Alternative für Deutschland* (Langversion A4 Querformat). S. 47, unter: *https://www.afd.de/grundsatzprogramm* (zuletzt aufgerufen am 15. Januar 2020).

54 Wolfgang Schütz. »Achille Mbembe: ›Identitätspolitik ist Opium für das Volk‹«. *Augsburger Allgemeine* (10. Mai 2018), unter: https://www.augsburger-allgemeine.de/kultur/Achille-Mbembe-Identitaetspolitik-ist-Opium-fuer-das-Volk-id51077901.html (zuletzt aufgerufen am 15. Januar 2020).

55 Mark Lilla. »The End of Identity Liberalism«. *The New York Times* (18. November 2016), unter: https://www.nytimes.com/2016/11/20/opinion/sunday/the-end-of-identity-liberalism.html (zuletzt aufgerufen am 15. Januar 2020).

56 Vgl. u. a. Slavoj Žižek. »Mehr Selbstkritik, bitte!«. *Neue Zürcher Zeitung* (3. Februar 2017), unter: https://www.nzz.ch/feuilleton/zukunft-nach-trump-mehr-selbstkritik-bitte-ld.143572 (zuletzt aufgerufen am 15. Januar 2020).

57 Daniel Binswanger/Stephanie Füssenich. »›Das Problem ist sicher nicht der Feminismus‹ Gespräch mit Didier Eribon«. *Republik* (19. Februar 2018), unter: https://www.republik.ch/2018/02/19/interview-eribon-teil1 (zuletzt aufgerufen am 15. Januar 2020).

58 Sindre Bangstad/Torbjørn Tumyr Nilsen. »Thoughts on the planetary: An interview with Achille Mbembe«. *New Frame* (5. September 2019), unter: https://www.newframe.com/thoughts-on-the-planetary-an-interview-with-achille-mbembe/?sfns=mo&fbclid=IwAR2Lb_TAHWIYvY-TakvVkmQ3GBOwGOtKN6Q4jorep-dCZuJ2bx4CHHRXQDyM (aufgerufen am 15. Januar 2020). Übersetzung Wilfried Prantner.

59 Victor Klemperer. *LTI. Notizbuch eines Philologen.* (Reclams Universal-Bibliothek; 278). Leipzig: Reclam, 1980 (1947). S. 21.

60 Einar Schleef. »Tagebuch 1999«. Sandra Janßen/Winfried Menninghaus (Hg.). In: *Tagebuch 1999–2001. Berlin, Wien.* Frankfurt/Main: Suhrkamp, 2009. S. 10.

61 »Wenn ich in der Falle sitze, verhalte ich mich wie ein Künstler. Antanas Mockus im Gespräch mit Joanna Warsza«. In: Artur Żmijewski/Joanna Warsza (Hg.). *Forget Fear.* Köln: Verlag der Buchhandlung Walter König, 2012. S. 164–171.

62 Ebda.

63 Vgl. Carlo Tognato (Hg). *Cultural Agents Reloaded: The Legacy of Antanas Mockus.* Cambridge, MA: Harvard University Press, 2017.

64 Wikipedia Eintrag Antanas Mockus, unter: https://en.wikipedia.org/wiki/Antanas_Mockus (zuletzt aufgerufen am 23. August 2019).

65 Augusto Boal. *Theater der Unterdrückten.* Frankfurt/Main: Suhrkamp, 1979. S. 58.

66 Vgl. Julian Boal. »Behaving like Guerrillas, Wary of the Enemy. A Historical Perspective on the Theater of the Oppressed«. In: Malzacher (2015), a. a. O. S. 70–76.

67 Auszug aus *Bad*, zitiert nach: She She Pop (Hg.). *Sich fremd werden. Beiträge zu einer Poetik der Performance*. Berlin: Alexander Verlag, 2018. S. 38.

68 Lisa Lucassen. »Wir sind einige von euch. She She Pop und ihr Publikum«. In: She She Pop (2018), a. a. O. S. 11.

69 Ebda. S. 16.

70 Nora Sternfeld. *Das radikaldemokratische Museum*. Berlin, Boston: De Gruyter, 2018. S. 78.

71 Claire Bishop. *Artificial Hells. Participatory Art and the Politics of Spectatorship*. London/New York: Verso, 2012. S. 2. Übersetzung Florian Malzacher.

72 Ebda. S. 3.

73 Ebda. S. 2. Übersetzung Florian Malzacher.

74 Zitiert nach dem Video *Enjoy Poverty*, 2008. Übersetzung Florian Malzacher.

75 Pablo Helguera. *Education for Socially Engaged Art; A Materials and Techniques Handbook*. New York: Jorge Pinto Books, 2011. S. 62. Übersetzung Florian Malzacher.

76 Ebda.

77 Irit Rogofff. »Looking Away. Participation in Visual Culture«. In: Gavin Butt (Hg.). *After Criticism. New Responses to Art and Performance*. Oxford: Blackwell Publishing, 2005. S. 117–134.

78 Mierle Laderman Ukeles. »Manifesto for Maintenance Art 1969!« (1969), unter: https://www.arnolfini.org.uk/blog/manifesto-for-maintenance-art-1969 (zuletzt aufgerufen am 23. August 2019). Übersetzung Florian Malzacher.

79 Ebda.

80 Swoosh Lieu. Projektseite »Who cares?! – Eine vielstimmige Personalversammlung der Sorgetragenden«, unter: https://swooshlieu.hotglue.me/?whocares (zuletzt aufgerufen am 23. August 2019).

81 »Eine Übung in Vertrauen. Edit Kaldor im Gespräch mit Florian Malzacher«. In: HAU Hebbel am Ufer (Hg.). *The Power of Powerlessness*. Berlin: HAU Hebbel am Ufer, 2015. S. 7.

82 Für eine ausführliche Darstellung dieses Diskurses vgl. Eva Berendsen/Saba-Nur Cheema/Meron Mendel (Hg.) *Triggerwarnung. Identitätspoli-*

tik zwischen Abwehr, Abschottung und Allianzen. Berlin: Verbrecher Verlag, 2019.

83 Vgl. John Palfrey. *Safe Spaces, Brave Spaces. Diversity and Free Expression in Education*. Cambridge (MA): MIT Press, 2017.

84 Ann Liv Young: Projektseite »Good Sherry«, unter: https://www.sophiensaele.com/produktionen.php?IDstueck=1800 (zuletzt aufgerufen am 23. August 2019).

85 November 2018 in den Sophiensælen bei einem Auftritt im Rahmen des »Save your Soul«-Festivals.

86 2010 beispielsweise wurde ihr auf Geheiß des Kurators Klaus Biesenbach im New Yorker PS1 nach einer lauten Kontroverse mit anderen KünstlerInnen im Publikum das Licht abgedreht. Vgl. Roslyn Sulcas. »Provocateur Returns to P.S. 1, but Not to Provoke«. *The New York Times* (6. September 2010), unter: https://www.nytimes.com/2010/09/07/arts/design/07young.html (zuletzt aufgerufen am 23. August 2019).

87 Helguera (2011), a. a. O. S. 59. Übersetzung Florian Malzacher.

88 Ilia Papatheodorou. »Wir sind niemand. Ersetzbarsein im Kollektiv«. In: She She Pop (2018), a. a. O. S. 47–48.

89 Ebda. S. 66.

90 Lucassen in: She She Pop (2018), a. a. O. S. 7.

91 Dorothea von Hantelmann. »Auf dem Weg zu einem neuen Ritual. Der individualisierte Handlungsraum«. In: Berliner Festspiele (Hg.). *Immersion. Magazin 2*. Berlin: Verlag Theater der Zeit, 2018. S. 16–19.

92 Zitiert nach Berliner Festspiele: Projektseite »Immersion«, unter: https://www.berlinerfestspiele.de/de/immersion/reihe/allgemein/allgemein.html (zuletzt aufgerufen am 10. Januar 2020).

93 Allan Kaprow. *How to Make a Happening*. Brooklyn, NY: Primary Information, 2009, unter: http://primaryinformation.org/files/allan-kaprow-how-to-make-a-happening.pdf (zuletzt aufgerufen am 23. August 2019). Übersetzung Florian Malzacher.

94 Vgl. Florian Malzacher. »Putting the Urinal back in the Restroom. The Symbolic and the Direct Power of Art and Activism«. In: steirischer herbst/Florian Malzacher (Hg.). *Truth is Concrete. A Handbook for Artistic Strategies in Real Politics*. Berlin: Sternberg Press, 2014. S. 12–25.

95 Für eine detaillierte Analyse der Performance vgl. Christine Gaigg. »Non-Violence«. In: steirischer herbst/Malzacher (2014), a. a. O. S. 104 f.

96 Vgl. Yekaterina Samutsevich. »Punk«. In: steirischer herbst/Malzacher (2014), a. a. O. S. 251 f.

97 John Jordan. »Clowning«. In: steirischer herbst/Malzacher (2014), a. a. O. S. 247. Übersetzung Florian Malzacher.

98 Ebda.

99 Ebda.

100 Billy Talen. »Preaching«. In: steirischer herbst/Malzacher (2014), a. a. O. S. 232. Übersetzung Florian Malzacher.

101 Vgl. Florian Malzacher. »Aktivismus als Aufführung. Das agonistische Theater des Zentrum für Politische Schönheit«. In: Miriam Rummel/ Raimar Stange/Florian Waldvogel (Hg.). *Haltung als Handlung. Das Zentrum für Politische Schönheit.* München: edition metzel, 2018. S. 320–329.

102 Internetauftritt des Zentrum für Politische Schönheit, unter: https://politicalbeauty.de (zuletzt aufgerufen am 9. September 2019).

103 Vgl. Srđa Popović. »Laughtivism«. In: steirischer herbst/Malzacher (2014), a. a. O. S. 120 f.

104 Andy Bichlbaum. »Becoming a Clown«. In: steirischer herbst/ Malzacher (2014). a. a. O. S. 169 f. Übersetzung Florian Malzacher.

105 International Institute of Political Murder (IIPM). Projektseite »General Assembly/Weltparlament/Assemblée générale«, unter: http://international-institute.de/general-assembly-generalversammlung-assemblee-generale/ (zuletzt aufgerufen am 23. August 2019).

106 Jörg Lauterbach. »Wie eine Philosophin das Drama der Demokratie erklärt«. *Die Welt* (26. 01. 2018), unter: https://www.welt.de/regionales/hamburg/article172879287/Lessing-Preis-Wie-eine-Philosophin-das-Drama-der-Demokratie-erklaert.html (zuletzt aufgerufen am 23. August 2019).

107 Zitiert nach: Carla Blumenkranz et al. (Hg.). *Occupy! Die ersten Wochen in New York. Eine Dokumentation.* Berlin: Suhrkamp, 2011. S. 35 f.

108 Vgl. Judith Butler. *Anmerkungen zu einer performativen Theorie der Versammlung.* Berlin: Suhrkamp, 2016.

109 John Langshaw Austin. *How to Do Things with Words: The William James Lectures delivered at Harvard University in 1955.* London [u. a.]: Oxford University Press, 1962.

110 Vgl. Judith Butler. *Das Unbehagen der Geschlechter.* Frankfurt/Main: Suhrkamp, 1991 und *Körper von Gewicht.* Frankfurt/Main: Suhrkamp, 1997.

111 Butler (2016), a. a. O. S. 114.

112 Zitiert nach: Slavoj Žižek »Human Microphone«. In: steirischer herbst/ Malzacher (2014), a. a. O. S. 122–127. Übersetzung Florian Malzacher.

113 Sibylle Peters. »Calling Assemblies. The Many as a Real Fiction«. In: geheimagentur et al. (Hg.). *The Art of Being Many. Towards a New Theory and Practice of Gathering*. Bielefeld: Transcript: 2016. S. 44. Übersetzung Florian Malzacher.

114 Projektseite »New World Summit – About«, unter: http://newworld-summit.org/about/ (zuletzt aufgerufen am 23. August 2019).

115 Jonas Staal. »Assemblism«. *e-flux journal* 80 (März 2017), unter: https://www.e-flux.com/journal/80/100465/assemblism/ (zuletzt aufgerufen am 23. August 2019).

116 Ebda. Übersetzung Florian Malzacher.

117 Andere Versammlungsformate von Jonas Staal sind beispielsweise *Artist Organisations International* (2014, gemeinsam mit Joanna Warsza und Florian Malzacher), ein Kongress von zwanzig sehr heterogenen internationalen Künstlerorganisationen am Berliner HAU, oder das dreitägige Trainingscamp *Training for the Future* (2019, gemeinsam mit Florian Malzacher) in der Jahrhunderthalle Bochum.

118 Jonas Staal. Projektseite »New World Summit – Rojava«, unter: http://www.jonasstaal.nl/projects/new-world-summit-rojava/ (zuletzt aufgerufen am 23. August 2019). Übersetzung Florian Malzacher.

119 brut: Projektseite »Das Kapitalismustribunal. Ist Kapitalismus ein Verbrechen?«, unter: https://brut-wien.at/de/Programm/Festivals-Projekte/Projekte/Das-Kapitalismustribunal (zuletzt aufgerufen am 23. August 2019).

120 Vgl. Gianna Frölicher/Sylvia Sasse (Hg). *Gerichtstheater: Drei sowjetische Agitgerichte*. Leipzig: Leipziger Literaturverlag, 2015.

121 Miwon Kwon. *One Place After Another: Site Specific Art and Locational Identity*. Cambridge/London: MIT Press, 2002.

122 Vgl. Erdem Gündüz. »Standing Still«. In: steirischer herbst/Malzacher (2014), a. a. O. S. 134 f.

123 Butler (2016), a. a. O. S. 19.

124 Oliver Marchart. »Auf der Bühne des Politischen. Die Straße, das Theater und die politische Ästhetik des Erhabenen«. http://www.republicart.net/disc/publicum/marchart03_de.htm (zuletzt aufgerufen am 5. September 2019).

125 John Jordan. »Performing Against the Suicide Machine. Notes for a Future Which is Not What it Used To Be«. In: Malzacher (2015), a. a. O. S. 106. Übersetzung Florian Malzacher.

126 Zitiert nach: http://www.republicart.net/disc/publicum/marchart03_de.htm (zuletzt aufgerufen am 5. September 2019).

127 Ebda.

128 Kee-Yoon Nahm. »Rebuilding the Public Theatre: The Black Tent Project in Gwanghwamun Square«. *The Theatre Times* (12. Februar 2017), unter: https://thetheatretimes.com/rebuilding-public-theatre-black-tent-project-gwanghwamun-square/ (zuletzt aufgerufen am 23. August 2019).

129 Oliver Marchart. »Public Movement. The Art of Preenactment«. In: Malzacher (2015), a. a. O. S. 149 f. Übersetzung Wilfried Prantner.

130 Florian Malzacher. »Almost Like a Learning Play. Daniel Wetzel of Rimini Protokoll in a conversation with Florian Malzacher«. In: Katia Arfara/Aneta Mancewicz/Ralf Remshardt (Hg.). *Intermedial Performance and Politics in the Public Sphere*. Cham: Palgrave Macmillan, 2018. S. 198.

131 Frédérique Aït-Touati. »For a Speculative Policy. Bruno Latour & Nanterre-Amendier's *Le Théâtre des négociations/Make It Work*«. In: Florian Malzacher/Joanna Warsza (Hg.). *Empty Stages, Crowded Flats – Performativity as Curatorial Strategy*. Berlin: Alexander Verlag, 2017. S. 156. Übersetzung Florian Malzacher.

132 Ebda.

133 Ebda. S. 157.

134 Kiosk Berlin: »Formate der Öffentlichkeit. Installationsprojekte von Tulip House«, unter: http://www.kiosk-berlin.de/deutsch/programm.htm (zuletzt aufgerufen am 23. August 2019).

135 Mobile Akademie Berlin: »Schwarzmarkt für nützliches Wissen und Nicht-Wissen. Die halluzinierte Volkshochschule der Mobilen Akademie«, unter: http://www.mobileacademy-berlin.com/deutsch/2005/schwarzm.html (zuletzt aufgerufen am 30. September 2019).

136 Hannah Hurtzig in einer E-Mail an Florian Malzacher am 5. März 2019.

137 Milo Rau/International Institute of Political Murder (IIPM): Webpräsenz des Projekts »General Assembly/Weltparlament/Assemblée générale«, unter: http://www.general-assembly.net/ (zuletzt aufgerufen am 23. August 2019).

138 Milo Rau in einer E-Mail an Florian Malzacher am 23. Februar 2018.

139 Ebda.

140 Ebda.

141 »Buchenwald, Bukavu, Bochum. Was ist globaler Realismus? Milo Rau im Gespräch mit Rolf Bossart«. *Theater der Zeit* (Oktober 2015). S. 28.

142 Rau, E-Mail 23. Februar 2018. Übersetzung Florian Malzacher.

143 Bertolt Brecht. »Stanislawski (2)«. *Schriften [Ausgewählte Werke in sechs Bänden, Band 6]*. Frankfurt/Main: Suhrkamp, 1997. S. 262.

144 Rau/IIPM: Webpräsenz des Projekts »General Assembly/Weltparlament/Assemblée générale« a. a. O.

145 Rau, E-Mail 23. Februar 2018.

146 Chantal Mouffe. »The *End of Politics* and the Challenge of Right-wing Populism«. Francisco Panizza (Hg.). *Populism and the Mirror of Democracy.* London [u. a.]: Verso, 2005. S. 35.

147 Claire Bishop. »Antagonism and Relational Aesthetics«. *October* 110 (Herbst 2004): S. 70. Übersetzung Florian Malzacher.

148 Zitiert nach: Milo Rau/International Institute of Political Murder (IIPM): Webpräsenz des Projekts »General Assembly/Tagesordnung«, unter: http://www.general-assembly.net/tagesordnung/ (zuletzt aufgerufen am 23. August 2019). Übersetzung Florian Malzacher.

149 Zitiert nach Brian Enos News auf Twitter: https://twitter.com/dark_shark/status/697247873386172416 (zuletzt aufgerufen am 1. Februar 2020), 9. Februar 2016. Übersetzung Florian Malzacher.

150 Vgl. Chantal Mouffe. *Für einen linken Populismus.* Berlin: Suhrkamp, 2018.

151 Vgl. Florian Becker/Mario Candeias/Janek Niggemann/Anne Steckner (Hg.). *Gramsci lesen: Einstiege in die Gefängnishefte.* Hamburg: Argument, 2013.

152 Jonas Staal. *Steve Bannon. A Propaganda Retrospective.* Rotterdam: Het Nieuwe Instituut, 2018. S. 14. Übersetzung Florian Malzacher.

Namenregister

Kursive Zahlen beziehen sich auf Bildunterschriften.

Bildnachweise

S. 8, 13: Bilder aus dem Film *Ausländer raus! Schlingensiefs Container* (A 2002, Regie: Paul Poet, Weltverleih: Filmgalerie 451). S. 8: Montage/Design: Oliver Neumann

S. 18: Judith Buss/Münchner Kammerspiele

S. 27: Holly Revell

S. 34/35, 81, 87, 128: Robin Junicke/Impulse Theater Festival

S. 43: Hugo Glendinning

S. 48: BARAC UK (Black activists rising against cuts)

S. 64: Fernando Vergara/Mit freundlicher Genehmigung von *El Tiempo*

S. 73: Benjamin Krieg

S. 92: Joanna Warsza & Florian Malzacher

S. 98/99: Brandon O'Neill

S. 105: The Yes Men, Filmstill *The Yes Men fix the* World (2009)

S. 108/109: Zentrum für Politische Schönheit

S. 112: Daniel Seiffert

S. 121: Lidia Rossner/Berlin Biennale 7

S. 137: Benno Tobler

S. 144: Dorothea Tuch

Dank

Irgendwann im Jahr 2011 wurde in meiner Arbeit als Festivalkurator immer deutlicher, dass es in Gesprächen mit KünstlerInnen, die gerade auf dem Tahir-Platz in Kairo, im Zuccotti-Park in New York oder auf dem Syntagma-Platz in Athen demonstrierten, nicht mehr einfach um *art as usual* gehen konnte. Dringendere Fragen wurden wesentlich und blieben es über die kommenden Jahre hinweg: Welche Rolle spielt die Kunst in gesellschaftlichen Umbrüchen? Wie können KünstlerInnen dazu beitragen, die Welt zu verändern? Und was ist dabei die Aufgabe des Theaters?

Dankbar bin ich all jenen progressiven, politisch engagierten KünstlerInnen und AktivistInnen, deren Aktionen, Performances, Aufführungen ich als Gast, Zuschauer, Teilnehmer oder Kollaborateur beiwohnen konnte. Sie sind zu zahlreich, um sie hier aufzuzählen; viele – bei weitem nicht alle – finden sich in diesem Buch. Ihrem Mut, ihrem Einfallsreichtum und ihrer Ausdauer ist es gewidmet.

Gesellschaftsspiele ist das Resultat des Austauschs mit zahlreichen KünstlerInnen, KuratorInnen, Festival- und ProduktionsmitarbeiterInnen. Einen besonderen Raum nimmt dabei meine Zeit 2006 bis 2012 beim Grazer Festival steirischer herbst ein, die in das große gemeinsame Abenteuer von *Truth is concrete*, einem 170stündigen Marathon-Camp zu künstlerischen Strategien in der Politik, mündete. Namentlich nenne ich Veronica Kaup-Hasler, Kira Kirsch, Anne Faucheret, Andreas R. Peternell, denke dabei aber an das gesamte damalige Team. Von den Recherchen und Begegnungen im Rahmen dieses Projekts zehre ich, und damit dieses Buch, bis heute.

Die Reise setzte sich fort mit zahlreichen Projekten und Kollaborationen, nicht zuletzt im Rahmen des Impulse Theater Festivals 2013 bis 2017, wo wir – vor allem Emily Keller, Dominik Müller, Felizitas Stilleke und Nadine Vollmer – intensiv nach gesellschaftlich engagierten Formen des Theaters gesucht haben.

Dank

Stellvertretend für viele Gespräche über Kunst, Politik, Aktivismus in den vergangenen Jahren möchte ich jene mit Ulf Aminde, Annie Dorsen, Vallejo Gantner, Alexander Karschnia, Oliver Marchart, Chantal Mouffe, Jonas Staal und Nora Sternfeld hervorheben.

Ich danke Christiane Kühl für zahlreiche wichtige Anmerkungen zum Manuskript in einem frühen Stadium und dem Alexander Verlag – namentlich Alexander Wewerka, Antje Wewerka, Christin Heinrichs-Lauer und Marilena Savino – für die langjährige Zusammenarbeit, die Bereitschaft, dieses Buch ins Programm zu nehmen und die große Geduld.

Dass ich in einer Theaterfamilie großgeworden bin, dürfte meinen Blick noch nachhaltiger beeinflusst haben als mein sehr prägendes Studium der Angewandten Theaterwissenschaft in Gießen. Nicht nur dafür – inklusive aller Hinter-die-Kulissen- und Kantineneinblicke – danke ich meiner Mutter Gabriela Badura, ihrem Mann Roland Bayer, meinem verstorbenen Vater Werner W. Malzacher und vielen ihrer KollegInnen.

Nicht zuletzt aber danke ich Joanna Warsza: ohnehin für vieles, in diesem Fall aber besonders für zahlreiche Hinweise auf KünstlerInnen und Kunstwerke, für unsere Gespräche, gemeinsamen Recherchen und Projekte. Unserem Sohn Lew danke ich – dafür, dass es ihn gibt.

Theaterbücher im Alexander Verlag Berlin

Florian Malzacher (Hg.)
Leben und Arbeit des Nature Theater of Oklahoma

Florian Malzacher/Felizitas Stilleke/Dominik Müller (Hg.)
Stichworte
Von AKTION bis ZUSCHAUER*IN –
Das Spielfeld des freien Theaters in sechzig Stichworten

Florian Malzacher/Joanna Warsza (Hg.)
Empty Stages, Crowded Flats.
Performativity as Curatorial Strategy
Performing Urgency #4

Florian Malzacher (Hg.)
Not Just a Mirror. Looking for the Political Theatre of Today
Performing Urgency #1

Florian Malzacher/Miriam Dreysse (Hg.)
Experten des Alltags
Das Theater von Rimini Protokoll

Florian Malzacher/Judith Helmer (Hg.)
»Not Even a Game Anymore«
Das Theater von Forced Entertainment

Elke van Campenhout/Lilia Mestre (Hg.)
Turn, Turtle! Reenacting the Institute
Performing Urgency #2

Anna R. Burzynska (Hg.)
Joined Forces. Audience Participation in Theatre
Performing Urgency #3

Aenne Quiñones (Hg.)
Gob Squad – What are you looking at?
Postdramatisches Theater in Portraits 1

Kathrin Tiedemann (Hg.)
Gintersdorfer/Klaßen – Eleganz ist kein Verbrechen
Postdramatisches Theater in Portraits 2

Florian Malzacher (Hg.)
andcompany&Co. – the & of history
Postdramatisches Theater in Portraits 3

Milo Rau
Das geschichtliche Gefühl
Wege zu einem globalen Realismus
(Herausgegeben von Johannes Birgfeld)

Falk Richter
Disconnected
Theater | Tanz | Politik
(Herausgegeben von Johannes Birgfeld)

She She Pop
Sich fremd werden
Drei Beiträge zu einer Poetik der Performance
(Herausgegeben von Johannes Birgfeld)

Herbordt/Mohren (Hg.)
Vorgestellte Institutionen/Performing Institutions

Beate Hochholdinger-Reiterer/Mathias Bremgartner/
Christina Kleiser/Géraldine Boesch (Hg.)
Arbeitsweisen im Gegenwartstheater
itw : im dialog – Forschungen zum Gegenwartstheater 1

Beate Hochholdinger-Reiterer/Géraldine Boesch (Hg.)
Spielwiesen des Globalen
itw : im dialog – Forschungen zum Gegenwartstheater 2

Beate Hochholdinger-Reiterer/Géraldine Boesch/
Marcel Behn (Hg.)
Publikum im Gegenwartstheater
itw : im dialog – Forschungen zum Gegenwartstheater 3

Christoph Schlingensief/Josef Bierbichler/
Harald Martenstein
Engagement und Skandal
Ein Gespräch
Mit einem Essay von Diedrich Diederichsen

Volksbühne am Rosa-Luxemburg-Platz 1992–2017
Ein Fotoalbum

Frank Raddatz (Hg.)
Republik Castorf
Die Berliner Volksbühne am Rosa-Luxemburg-Platz seit 1992
Gespräche

Johannes Odenthal (Hg.)
Das Jahrhundert des Tanzes/The Century of Dance
Ein Reader/A reader

Ulf Otto (Hg.)
Algorithmen des Theaters
Ein Arbeitsbuch

Henry Thorau
Unsichtbares Theater